经典全景二战丛书

夺岛之战

田树珍/ 编著

民主与建设出版社
·北京·

图书在版编目（CIP）数据

夺岛之战 / 田树珍编著 . -- 北京：民主与建设出版社，2019.7
（经典全景二战丛书）
ISBN 978-7-5139-2502-0

Ⅰ . ①夺…　Ⅱ . ①田…　Ⅲ . ①第二次世界大战战役—海战—史料　Ⅳ . ① E195.2

中国版本图书馆 CIP 数据核字（2019）第 103065 号

夺岛之战
DUODAO ZHIZHAN

出 版 人　李声笑
编　　著　田树珍
责任编辑　刘　芳
封面设计　亿德隆文化
出版发行　民主与建设出版社有限责任公司
电　　话　（010）59417747　59419778
社　　址　北京市海淀区西三环中路 10 号望海楼 E 座 7 层
邮　　编　100142
印　　刷　三河市天润建兴印务有限公司
版　　次　2020 年 5 月第 1 版
印　　次　2022 年 6 月第 2 次印刷
开　　本　710 毫米 ×1000 毫米　1/16
印　　张　18
字　　数　240 千字
书　　号　ISBN 978-7-5139-2502-0
定　　价　49.80 元

目 录

第一章

克里特岛之战

意大利兵败马塔潘角 / 002

德国拟定“水星”计划 / 005

英军布防克里特岛 / 009

德国空军的空降作战 / 012

“微不足道”的胜利 / 016

第二章

马耳他岛之战

不沉的“航空母舰” / 020

第一次交锋 / 023

马耳他告急 / 026

“杜伊斯堡”船队的覆灭 / 029

德军增援地中海 / 031

第二次锡尔特湾海战 / 033

“基石”护航行动 / 039

盟军扭转战局 / 042

第三章

东印度群岛之战

日军的奇袭 / 048

包围爪哇岛 / 050

激战爪哇海 / 051

日军攻陷雅加达 / 053

不放过任何一个小岛 / 054

第四章

瓜岛之战

“瞭望台”计划 / 058

尼米兹挥师登瓜岛 / 063

第一次所罗门海战 / 068

日本航母出动 / 076

敢打敢拼的哈尔西 / 080

美军坚守瓜岛 / 083

反攻开始 / 090

第五章

所罗门群岛之战

“硬币”计划 / 094

“阿”号作战计划 / 098

“复仇者”行动 / 099

阿图岛之战 / 106

“脚趾甲”计划 / 109

盟军跳取莱城 / 115

第六章

布干维尔岛之战

锁定奥古斯塔女皇湾 / 122

尼米兹的进攻准备 / 123

虚虚实实的登陆战 / 125

哈尔西准备死战 / 127

美军强化防御阵地 / 130

达到了战役目的 / 131

封锁拉包尔 / 133

第七章

西西里岛之战

“赫斯基”计划 / 138

夺取海空权 / 144

盟军空降作战 / 148

德意空军大反攻 / 153

兵抵墨西拿海峡 / 157

第八章

吉尔伯特群岛之战

对峙吉尔伯特群岛 / 168

“电流”计划 / 170

海上机动补给基地 / 171

登陆马金环礁 / 173
血染贝蒂乌岛 / 174

第九章
马绍尔群岛之战

“燧发枪”计划 / 180
日军设防马绍尔群岛 / 183
航母编队的巨大成功 / 185
进驻马朱罗 / 187
南北进击夸贾林环礁 / 188
“冰雹”计划 / 191
“法警”计划 / 193

第十章
马里亚纳群岛之战

美军排兵布阵 / 198
“征粮者”计划 / 200
解除日军空中的威胁 / 203
血染塞班岛 / 204
海上的殊死较量 / 209
强取提尼安 / 213
关岛之战 / 214

第十一章

菲律宾群岛之战

麦克阿瑟饮恨菲律宾 / 218

重返菲律宾之路 / 226

登陆莱特岛 / 232

莱特湾大海战 / 236

杀回吕宋岛 / 247

第十二章

硫磺岛之战

日军死守硫磺岛 / 256

登陆前的轰炸 / 259

庞大的登陆部队 / 261

扫清最后的障碍 / 263

第十三章

冲绳岛之战

兵抵日本“国门” / 266

“冰山”计划 / 267

日军的防御计划 / 269

地毯式轰炸 / 271

美军抢滩登陆 / 272

“神风”攻击行动 / 274

负隅顽抗的日军 / 278

第一章

克里特岛之战

意大利兵败马塔潘角

经过这次海战，意大利海军从希腊海域撤退。

1940年10月15日，墨索里尼不顾意大利海军的劝告，悍然发动了入侵希腊的战争。为了拉拢包括希腊在内的各中立国，英国向希腊提供了大量的武器、弹药和资金，还出动一支空军分遣队增援希腊军队。

不久，与希腊政府经过友好协商后，英国又在希腊的克里特岛建立了海军基地。

希腊军队虽然在数量和装备上不如意大利军，但他们英勇顽强。意军在希军和共产党游击队的前后夹击下，遭受重大损失。

意大利最精锐的“朱利亚”师团伤亡两万人，还有5000人被俘虏。12月4日，墨索里尼几乎要向希腊要求停战了。后来，墨索里尼请希特勒给予援助。

希特勒严厉地指责意大利的溃败所引起的严重后果：“南斯拉夫、保加利亚、法国的贝当政府不想加入轴心国了。而且，英国趁机在希腊建立了克里特基地，轰炸罗马尼亚和意大利南部。我将不得不把增援北非的德军和补给品投入巴尔干半岛战争，这对将发动的埃及作战产生了严重的后果。这会过早地引起苏联的注意，到时候我们将被迫与苏联交战。”

巴尔干半岛位于欧洲的东南部，地势险要，资源丰富。德国和意大利如果占领半岛上的阿尔巴尼亚、南斯拉夫、希腊、保加利亚、罗马尼亚等国，便可控制东地中海，进而夺取英国在近东和北非的殖民地，还可封锁苏联的黑海出海口，建立进攻苏联的南方战略基地。苏联不会对巴尔干半岛的局势不闻不问。

面对严峻的战局，希特勒征得墨索里尼的同意后，派由 300 架飞机组成的第 10 航空兵团开赴地中海。

1941 年 1 月，英国出动庞大的护航船队，为北非的英国第 8 集团军运送补给。直布罗陀舰队负责把庞大的船队护送到意大利的西西里岛附近，再由地中海舰队接力将船队送到亚历山大港。

10 日，意军鱼雷机攻击运输船队，被英“光辉”号航空母航的高射炮火和管鼻燕式战斗机赶走。“光辉”号航空母航的雷达看到 1.2 万英尺高空有 40 架德机扑来。

德军轰炸机分为 3 队，发出刺耳的呼啸声向“光辉”号航空母航扑来。航空母舰不断躲避，发射密集的防空弹，准备摆脱德机的进攻。“光辉”号航空母航击落 8 架德机，但中了 6 颗重磅炸弹，燃起大火，因为装甲甲板很厚，没有被炸沉。

“光辉”号航空母航立即驶向马耳他岛，连忙抢修，然后驶往美国彻底大修。

“光辉”号航空母航离开后，英海军被迫减少作战活动，直至“可怖”号航空母舰服役后。3 月 28 日，亚历山大舰队为一支由埃及向希腊运送英国陆军的运输船护航。

在克里特岛南边出现了一支意大利的庞大编队。在这支编队后边又出现了一支意舰队。原来，德国空军答应给意海军提供空中保护，意大利海军离开基地，前来进攻英国护航舰队。

英“可怖”号航空母航出动 6 架大青花鱼式鱼雷机进攻意海军的“维多利奥 · 威内托”号战列舰。“维多利奥 · 威内托”号战列舰没有得到空中保护，又遇到了英“可怖”号航空母航，连忙改航。这就表明意大利海军要撤退。

3 架大青花鱼式鱼雷机和 2 架剑鱼式飞机前去拦截“维多利奥 · 威内托”号战列航，企图使它落入英舰的射程之内。“维多利奥 · 威内托”号战列舰则遭到从希腊起飞的英空军飞机的轰炸。

英空军的飞机没有炸中“维多利奥·威内托”号战列舰，但它们吸引了意舰炮手的注意力。与此同时，大青花鱼式飞机冲向“维多利奥·威内托”号战列舰。鱼雷命中战列舰，不久，由于战列舰舰尾下沉，战列舰在原地打转。

维修人员发狂般地抢修，战列舰终于能够行动了。“维多利奥·威内托”号战列舰在巡洋舰和驱逐舰的护卫下撤退。

傍晚，英海军飞机冒着密集的炮火，发动攻击。意军“波拉”号巡洋舰受到重创，落在了舰队的后面。2 艘巡洋舰和 4 艘驱逐舰给“波拉”号巡洋舰护航，其他舰只为“维多利奥·威内托”号战列舰护航。

晚 22 时刚过，英“厌战”号、“巴勒姆”号和“勇士”号战列舰发现了“波拉”号巡洋舰及其护卫舰。几分钟后，意 3 艘巡洋舰和 2 艘驱逐舰被击中起火，不久沉没。

马塔潘角海战结束了，英海军损失 1 架大青花鱼式飞机，击沉 3 艘巡洋舰和 2 艘驱逐舰，重创“维多利奥·威内托”号战列舰。

“维多利奥·维内托”号战列舰

经过这次海战，意大利海军从希腊海域撤退。墨索里尼发誓，要建立海军航空兵。墨索里尼命令把两艘邮船改建成航空母舰。直到意大利投降时，两艘邮船仍在改建之中。

在征得意大利同意后，希特勒于 1941 年 4 月 6 日，派 68 万德军取道保加利亚侵入南斯拉夫和希腊。随后，墨索里尼也先后抽调 43 个师投入巴尔干战场。

4 月 17 日，南斯拉夫投降。希腊政府为了不再受到德军的迫害，要求英国不再向希腊增兵，并撤走希腊的英联邦军队。丘吉尔首相同意从希腊本土撤军，但不放弃克里特岛。

4 月 24 日，希腊政府投降了，但希腊人民仍坚持游击战。

德国拟定“水星”计划

冯·里希特霍芬是世界级的王牌飞行员，他的第 8 航空军在占领法国时立下了大功。

克里特岛位于东地中海，是爱琴海的门户。克里特岛距离马耳他岛 810 公里，距离塞浦路斯岛 520 公里，距离伯罗奔尼撒半岛 90 公里，距离英国在北非利比亚的重要军事基地托卜鲁克港只有 360 公里，距离埃及亚历山大港只有 560 公里。

克里特岛对英国的重要性仅次于马耳他岛。英军通过克里特岛可以控制东地中海，还可以对南欧、北非构成巨大的威胁。丘吉尔不愿意把这个战略要地让给希特勒。

克里特岛又窄又长，东西长 257 公里，南北平均宽 32 公里，最窄处只有 11 公里。全岛到处都是山脉，各处山脉的主峰海拔都在 1800 米以上，陡峭难行，岛上的河流非常湍急，对部队的运动构成了严重的阻碍。

克里特岛只有北部地区修建的一条公路，路面狭窄，还有许多急转弯，桥梁承载重量不足 7 吨，重型车辆和坦克等都不能通过。岛上的通信联络十分困难，对于兵力的展开、调动和指挥非常不利。

克里特岛北部首府卡尼亚附近有一块狭小的平原，地势平坦。平原环绕着全岛主要的港口和停泊地：苏达湾、雷西姆农和伊拉克利翁。苏达湾水深湾宽，能够停泊大型军舰，但规模不大。

克里特岛上有 3 个机场：伊拉克利翁机场、雷西姆农机场和马利姆机场。伊拉克利翁机场能够起降各种飞机；马利姆机场能够起降战斗机；雷西姆农机场没有完工。因此，英军无法在岛上建立强大的空军基地。

克里特岛只有北部地区适合登陆，从海岸开始一直是连绵的丘陵，还有一些谷地，这样的地形影响英军的机动。克里特岛对英军是十分不利的，容易受到德军登陆部队的迂回攻击。

对于克里特岛的重要战略地位，德国统帅部当然是知道的。但是，德国统帅部在巴尔干半岛的作战中缺乏全盘计划，希特勒原来计划当德军攻下希腊后就结束战役。但是，驻克里特岛的英联邦军队就像是德军背后的钉子。

德国空军为了消灭逃到克里特岛上的希腊军队和英联邦军队，巩固德军日后向苏联进攻的右翼安全，制定了代号为“水星”的作战计划。

“水星”计划的发起者是第 11 航空军军长库特·斯徒登特中将。斯徒登特亲手创建的第 11 航空军是德国唯一的空降部队。

斯徒登特研究了克里特岛，发现该岛的 4、5 月间的气候晴朗少雨，对于德军空降作战是十分有利的。空降作战一旦取得成功，就能发挥空降部队的威力，向最高统帅部证明空降理论的正确性。斯徒登特制定了详细的计划，上交第 4 航空队司令勒尔上将。

勒尔担心日后会遭到驻克里特岛的英空军的空袭，尤其是盟国罗马尼

“水星”计划中，德国海军作为辅助力量为攻占克里特岛提供海上支援

亚的普洛耶什蒂油田也在英空军打击范围内，所以应该尽快占领克里特岛。

勒尔向德国空军元帅戈林提出了斯徒登特的作战计划。德国空军在不列颠空战中损失惨重，戈林一直在寻找机会报复英国空军。4 月 21 日，戈林和斯徒登特一同前往柏林，向希特勒报告这个计划。

在军事会议上，德军最高统帅部参谋长凯特尔元帅提出：“最重要的是使用第 11 航空军占领马耳他岛！”因为马耳他岛比克里特岛更重要，但是，希特勒为了尽快结束巴尔干半岛战役，发动“巴巴罗萨”计划（入侵苏联的计划），希特勒撤消了登陆马耳他岛的决定，下令先在克里特岛进行空降作战。

希特勒作出这一决定的理由是，苏联是德国最大的敌人。德国吞并苏联后，地中海的北非英军将不堪一击，等到德国的新型潜艇大量服役，资源贫乏的英国迟早会投降的。

4月25日，希特勒正式下达攻占克里特岛的第28号命令，日期为4月30日，后来改为5月19日。

德国最高统帅部计划以空降兵为主发动空降作战。第4航空队包括斯徒登特中将的第11航空军和里希特霍芬中将的第8航空军。

第11航空军是空降兵部队，下辖10个空军联队，拥有600架运输机、100架滑翔机、1个侦察机中队、1个第7空降加强师，总兵力约为2.5万人。

第8航空军拥有223架轰炸机、305架俯冲轰炸机、230架战斗机、50架侦察机，基地位于希腊和保加利亚，可以从希腊南部和爱琴岛向克里特岛发起空袭。另外，驻扎在北非的第10航空军将随时支援第8航空军。

“水星”计划以空军为主，陆军和海军为辅。“水星”计划由戈林任总指挥，其中空中作战由勒尔指挥；参战部队还有海军舒斯特尔将军的东南舰队；伞兵由萨斯曼上将指挥。空降司令部位于希腊首都雅典。

冯·里希特霍芬是世界级的王牌飞行员，他的第8航空军在占领法国时立下了大功。

东南舰队拥有70艘舰船和200艘摩托艇，载运第6山地师的1个营，第7空降加强师的勤务部队、重型装备和补给品，第5山地师及其武器、装备和补给品。东南舰队还负责为攻占克里特岛提供海上支援。

司徒登特依据在挪威和荷兰的空降作战经验，认为应该在多个目标空降，造成英军的混乱，直到占领克里特岛。勒尔认为应该集中兵力在马利姆和卡尼亚空降，集中兵力对付英联邦军队。

戈林对他们的方案进行了折中，决定把空降部队分成西部、中部和东部三个战斗群。

滑翔突击团为西部战斗群，在马利姆空降，占领马利姆港和机场；第7空降加强师的伞兵第1团和伞兵第2团2营为东部战斗群，在伊拉克利翁空降，占领伊拉克利翁机场；第 7 空降师的伞兵第 3 团和第 2 团为中部战斗群，在雷西姆农和卡尼亚空降，占领机场、卡尼亚和苏达湾；第 5 山地师由预备队机降或由东南舰队运送。伞兵由第 7 空降加强师师长萨斯曼统一指挥。

由于飞机太少，空降作战被迫分批进行，第一批运送滑翔突击团和伞兵第 3 团；飞机返航后运送伞兵第 1 团和第 2 团。然后预备队机降第 5 山地师。

4 月 25 日，意大利军队在北非发动了强大的攻势，以阻止英军从埃及抽调部队，支援克里特岛；第 11 航空军从德国乘火车，通过罗马尼亚，坐卡车赶到希腊；运输机返回德国进行检修；疏通航道，用卡车将燃油运往机场、海军基地；空降部队频繁地进行演习；大批德机对克里特岛的机场和防御工事发动了猛烈的空袭。

英军布防克里特岛

弗赖伯格认为德军的主攻目标不是机场，而且日后英空军还需要使用机场，因此没有下令炸毁机场。

英军应希腊政府的撤军要求，把希军、英联邦军队共 1 个师、两个团、11 个营、5 个连，总数约 4.4 万人，撤到克里特岛上，使该岛的防御力量猛增。另外，岛上还有 44 万居民。

丘吉尔研究了英国在中东地区、北非地区和地中海地区的局势后，认为德军将很快进攻克里特岛，最可能采取的进攻手段是空降作战。

丘吉尔指示中东英军总司令韦维尔上将加强克里特岛的防御。

韦维尔上将发现，克里特岛上有英国军队、新西兰军队、希腊军队、澳大利亚和其他国家的军队，岛上的部队混杂，这样是缺乏战斗力的。需要能力很强的人统一指挥各国的部队，形成一只铁拳。

韦维尔发现，弗赖伯格是最佳人选。弗赖伯格是新西兰师少将师长。他参加过第一次世界大战，年仅 26 岁就晋升为旅长，荣获英国维多利亚十字勋章。

二战爆发后，新西兰支持英国，弗赖伯格晋升为少将师长。新西兰师在希腊英勇善战，多次打败德意军队。韦维尔任命弗赖伯格为克里特岛总指挥。

弗赖伯格认为，空降是德军主要作战的手段之一，德军主力将来自海上。

5 月 6 日，英国情报机关掌握了德军空降作战的细节和可能发起攻击的日期，通知了弗赖伯格。

弗赖伯格认为守军疲惫不堪，组织散乱；从希腊逃跑，降低了士气；守军除了枪械，急需火炮、坦克和汽车，没有无线电设备。守军上岛后没有明确的防御计划，连弗赖伯格自己的总指挥职务才刚刚确定下来。

弗赖伯格认为，除非英国海军和空军支援克里特岛，否则克里特岛危在旦夕。弗赖伯格能够想到，但英国海军和空军却无法及时赶来增援。就连韦维尔也暂时无法抽调北非英军增援克里特岛。

通过情报，弗赖伯格分析了德军将空降克里特岛的几个空降点后认为，德国空降兵是德军进攻的辅助兵力，只不过是占领港口和机场，来自海上的德军仍然是主力。

弗赖伯格把苏达湾和马利姆机场作为防御重点，以苏达湾和 3 个机场为主构成防御体系。由于岛上交通不便、通讯不畅，弗赖伯格把全岛分为 4 个独立的防区：

马利姆防区，由普迪克准将指挥，包括新西兰第 5 旅、希腊军 3 个营、4 个作步兵用的炮兵营，共 1.2 万人防守，新西兰第 4 师作为预备队。

驻克里特岛盟军司令弗赖伯格前往战场巡视

苏达湾防区，由韦斯顿少将指挥，包括英海军陆战队、澳大利亚军1个营和诺森伯兰轻骑兵，共1.5万人，威尔士第1营作为预备队。

雷西姆农防区，由瓦齐准将指挥，包括澳大利亚步兵第19旅的2个营、希军4个营和克里特岛1个警察营，共7000人。

伊拉克利翁防区，由查佩尔准将指挥，包括新西兰军3个营、希腊军3个营、澳大利亚军1个营和1个英炮兵团，共8000人。

岛上的装甲部队是英军轻骑兵第3团的6辆坦克，部署在3个机场上，防空力量只有3个轻型高射炮连和2个重型高射炮连。

德军入侵荷兰时，曾在公路、海滩等地方起降飞机，弗赖伯格认为德军的主攻目标不是机场，而且日后英空军还需要使用机场，因此没有下令炸毁机场。

5月16日上午，1架德国侦察机在克里特岛上空侦察时被击落，飞行员成了俘虏。据德飞行员供认：德军将在48小时内进行空降作战。

英军的情报也发现，在希腊南部地区德军集结了空降部队。

德国空军的空降作战

由于与岛上德军的联络不畅，斯徒登特对岛上的战斗进程毫无不知情，不知道德伞兵已经占领了马利姆机场。

5 月 20 日凌晨 2 时，德军一小股伞兵在克里特岛降落，负责用发光信号接应主力部队的空降。

4 时左右，德国第一批运输机和滑翔机起飞，升空后，12 架飞机为一队，飞向马利姆地区。5 时，德国第 8 航空军对克里特岛的马利姆、伊拉克利翁和卡尼亚发动了猛烈的空袭。7 时，德国运输机和滑翔机群飞抵马利姆机场。

德伞兵第 1 营多数空降在到处是石块的塔威拉尼蒂斯河河谷，迅速集结后，向马利姆机场冲去。德伞兵第 3 营空降在机场东边的新西兰第 22 营和第 23 营的预伏阵地上，德伞兵遭到猛烈的对空扫射。德伞兵第 3 营的大部分官兵被击毙。

西部战斗群的德军指挥官麦恩德尔在落地时负重伤，他改变了计划，命令第 1 营和第 3 营先攻下 107 高地，再向下进攻马利姆机场。

安德鲁指挥的新西兰第 22 营负责坚守 107 高地和马利姆机场。其中 2 个连坚卫 107 高地，另 2 个连坚守机场。

可是，在 107 高地上的安德鲁与机场的 2 个连失去了联系。当德军伞兵第 1 营进攻塔威拉尼蒂斯河大桥时，安德鲁出动 2 个连和 2 辆坦克反攻。

安德鲁的 2 辆坦克被击毁，2 个连大部分被击毙。

下午，安德鲁率领 2 个连的残部向高地顶部逃去。安德鲁于下午 6 时请求撤退。经过批准后，安德鲁率兵逃到第 23 营的阵地上。

马利姆机场的第22营的2个连正在机场苦战德军。黄昏，麦恩德尔的西部战斗群已经不足600人了，只好停止了进攻。

午夜，西部战斗群从西、南两个方向偷偷地进攻107号高地，可是上面没有守军。接着，西部战斗群居高临下，占领了马利姆机场。德军第一批空降的部队还有在加拉图斯地区降落的中部战斗群，由萨斯曼师长亲自指挥。起飞20分钟后，萨斯曼乘坐的滑翔机拖索被战斗机撞断，滑翔机坠毁，萨斯曼和参谋们全部毙命。

德伞兵第3团是中部战斗群的主力部队，它的第1营、第2营降落在盟军较少的地方，第3营却降落在盟军预设预备旅的阵地上，几乎被全歼。团长海德里克着陆后，发现已经被包围了，只好组织伞兵构筑简易工事，迎击盟军的进攻。

弗赖伯格担心来自海上的德军，只用1个营进攻海德里克的伞兵第3团，傍晚时盟军停止了进攻。

德中部战斗群的其他部队在雷西姆农空降，由伞兵第2团的第1、第3营分别在雷西姆农机场的东西两侧降落。由于德军运输机在空中遭受地面火力的猛烈打击，有7架运输机被击落，2架因相撞而坠毁，伞兵着陆时过于分散。

其中伞兵第2团的团长斯特姆的团部及直属两个连降落在澳大利亚军的阵地上，伤亡惨重。

布劳尔的东部战斗群在伊拉克利翁地区空降，由德伞兵第1团和第2团2营组成，由于飞机的数量太少，结果空降从下午5时一直持续到晚上7时，东部战斗群混乱地投入战斗。晚7时，布劳尔刚刚着陆，他立即改变了原计划，集中兵力进攻机场。

由于部队陷入混乱，兵力无法集中，所以进攻毫无进展。中部战斗群和西部战斗群的作战，使德军损失惨重。总指挥萨斯曼师长的意外阵亡导致了空降部队各自为战，互不支援。

德第7伞兵师在雷西姆农和伊拉克利翁的攻势被守军挡住了；第7伞兵师很有可能被全歼。但斯徒登特军长并没有气馁，立即机降预备队——第5山地师，而机降第5山地师的关键是占领一个机场。

由于与岛上德军的联络不畅，斯徒登特对岛上的战斗进程毫无不知情，不知道德伞兵已经占领了马利姆机场。

斯徒登特派情报参谋克莱，于21日拂晓乘空投补给品的运输机到马利姆机场上空侦察。

21日拂晓，克莱飞到马利姆。几小时后，斯徒登特知道德伞兵已经占领了马利姆机场。斯徒登特立即命令第5山地师和滞留在希腊的600名伞兵增援马利姆机场。

600名伞兵于下午3时在马利姆地区降落，近300名伞兵随风飘到新西兰部队的阵地上，只有少数德伞兵逃到机场。另一半在马利姆机场降落，与麦恩德尔的残部会师，这是及时的增援，顶住了盟军对马利姆机场德军的攻势。

下午4时，第5山地师乘坐JU–52型飞机陆续飞抵马利姆机场，尽管英军对马利姆机场发动了猛烈的炮击，击毁或击伤了1/3的JU–52型飞机。

德军得到了大量的重武器和补给品。傍晚，德军第5山地师已经有一个团投入了战斗，马利姆地区的德军力量猛增。

在雷西姆农和伊拉克利翁方向，两地的机场在盟军掌握中，指挥德伞兵进攻雷西姆农机场的斯特姆上校被盟军活捉了。

21日晚，德军出动一支摩托艇队，运送1个山地步兵营，准备利用夜色的掩护增援岛上的德军。

这支小艇队被英国海军舰队拦住，几十艘英军舰炮击小艇队。大部分摩托艇被击沉了，只有小部分摩托艇逃到了克里特岛。

弗赖伯格命令第5旅向马利姆机场的德军发动反攻。可是弗赖伯格给

德国伞兵空降克里特岛

各部队下达的命令无法传达下去。

盟军的第 22 营拂晓后才开始行动，在赶往机场的路上，遭到德军的多次阻击，减缓了推进的速度。天亮后，德国第 8 航空军对德军给予大规模的近距离支援，反攻的盟军第 5 旅伤亡惨重，无法进攻机场。

得到报告后，弗赖伯格被迫下令停止进攻。

23 日晨，德国空军又攻击了英国海军舰队。德空军炸沉了 2 艘巡洋舰和 1 艘驱逐舰，炸伤 2 艘巡洋舰和 2 艘战列舰。如此重大的损失是英海军无法承受的，在德空军的疯狂报复下，英地中海舰队退回埃及亚历山大港。

在撤退的过程中，有 2 艘驱逐舰被德空军炸沉。至此，克里特岛上的英军处境更加艰难。

德军夺取制海权后，立即从海上向克里特岛运送重武器和登陆部队，使岛上的德军力量猛增。

24日傍晚前，德军攻下克里特岛的西部地区，向岛上继续推进。26日，修复了马利姆机场后，德空军不断地向克里特岛增兵。德军击垮了坚守卡尼亚的英军。

墨索里尼向克里特岛出动了一个加强团。该团于27日、28日在苏达港和锡提亚登陆，这时，德军攻下了雷西姆农机场。29日，德军于黄昏前占领了伊拉克利翁。

“微不足道”的胜利

26日晚，莱科克指挥两个营负责后卫任务，顶住了德军地面部队的疯狂追击。

制海权掌握在德军手中后，英军陷入被动挨打的境地，弗赖伯格知道守不住克里特岛了。

弗赖伯格向韦维尔请示，请求及时撤退，否则岛上的盟军将全军覆灭。丘吉尔认为克里特岛上的盟军拖住德国空军的每一小时对于处于危难中的北非英军都是十分必要的。

丘吉尔命令英海军组织兵力增援克里特岛。由于德空军掌握了制空权，英海军只能在夜晚偷偷地向岛上运送增援部队，每次只能送去很少的部队。

岛上的盟军的战斗意志不管有多强都不能扭转败局，盟军若能及时撤退还能保存一些实力，丘吉尔只好同意从克里特岛撤军。

德军和意军控制了苏达港等北部港口，盟军只能从南部的斯法基亚海滩撤军。

盟军各部队从全岛各处步行通过田野、丘陵和河流，向南部集结。要

德军虽然攻占了克里特岛，但也付出了沉重的代价。图为一架德军战机被击落

赶到斯法基亚，必须走过一条危险的小道，爬过几座几乎垂直的悬崖，很多盟军官兵因不擅长攀登而摔死，德军飞机也持续地进行轰炸和扫射。

26 日晚，莱科克指挥两个营负责后卫任务，顶住了德军地面部队的疯狂追击。5 月 28 日夜晚，英地中海舰队和商船把盟军护送到埃及和巴勒斯坦地区。31 日，盟军已经有 1.7 万人安全撤离了。

在撤退过程中，英地中海舰队的 1 艘巡洋舰和 3 艘驱逐舰被击沉，2 艘巡洋舰和 1 艘驱逐舰受到重创。

另外，盟军仍有 6,000 多人成为德军的俘虏。6 月 2 日，德军占领克里特岛。

到克里特岛作战结束时，德国第 8 航空军共击沉英巡洋舰 4 艘、驱逐舰6艘、扫雷艇1艘、反潜驱逐舰3艘、鱼雷快艇2艘、登陆艇19艘和汽艇2艘。另外，英国还有很多军舰受创。

以亚历山大港为海军基地的英地中海舰队能够参战的兵力只剩2艘战列舰、3艘巡洋舰和8艘驱逐舰。

克里特岛登陆战役长达12天，德军获得了入侵北非、苏伊士运河和中东的跳板和前进基地，保证了德军向苏联进攻的侧翼安全。

但是，德军也付出了巨大的代价。德军损失了400架飞机和1.5万人，包括德国第7空降师的5000名伞兵。

但是，原定的以克里特岛为前进基地，在北非登陆，与隆美尔的“非洲军团”共同向北非英军发动钳形攻势的战略计划没有实现。

克里特岛被希特勒弃之不用，因为德军同时在苏联、西欧、北非3个战场上作战，实在没有力量在北非开辟第二战场。英国在特里特岛的抵抗，拯救了马耳他，经过克里特岛空降作战后，德国没有空降部队了。

希特勒虽然授予斯徒登特“铁十字勋章”，但却认为伞兵已经过时了，空降作战太得不偿失了。结果，希特勒没有重建空降兵部队。

英军在克里特岛防御中吃尽了德空降兵的苦头，立即扩充空降兵部队，成立第一支空降军。

此次攻岛之战对空降作战理论的发展具有深远的意义。

第二章

马耳他岛之战

不沉的“航空母舰”

由于大部分舰艇已经撤离马耳他，马耳他仅剩一个潜艇分队。

地中海中部有一个小岛叫马耳他岛，面积仅246平方公里，位于意大利与北非的突尼斯之间。19世纪初叶，马耳他岛被英国人夺取。1939年，马耳他岛成为英国的直属殖民地。

马耳他岛地处地中海东西海空交通线和意大利至突尼斯的南北交通线的交叉点上，距离意大利的西西里岛只有80公里。

马耳他岛的英军轰炸机的作战半径可以到达意大利中部的佛罗伦萨，西可以到达阿尔及利亚的布日伊，南可以到达利比亚，东可以到达希腊的雅典、克里特岛和托布鲁克港。

马耳他岛的英军不仅可以保护从英国至埃及的运输线，而且还可以攻击德意从意大利至北非的运输线。

1940年夏，墨索里尼决定南进地中海时，首先想攻下马耳他岛。马耳他岛避风条件良好，古代时是渔民、商人的避难所，“马耳他”就是避难所的意思。战争爆发后，马耳他岛变成了“灾难所”。

马耳他岛是大英帝国在地中海上不沉的“航空母舰”，像火车中转站一样为穿梭于直布罗陀港与埃及亚历山大港之间的英国舰队和商船提供补给。马耳他岛的英国皇家空军还能飞往北非支援英国地面部队作战。马耳他岛扼守自大洋洲、印度途经苏伊士运河至英国的海上运输线。同时，英国在北非中东地区的基地也有了保障。

1940年初，有明显的迹象表明，意大利将向英法宣战。意大利陆军的登陆作战能力很差，意大利海军又不是英海军的对手，墨索里尼只好在空中做文章，以猛烈的轰炸对付岛上的英军。

6月10日，意大利向英法宣战。6月11日，意大利出动几十架轰炸机，向马耳他岛发动了第一次空袭。

英军在马耳他岛上的空军基地主要有3个，即哈尔法尔、卢卡和塔卡利机场，海军基地主要是瓦莱塔港。

当时，英军在马耳他岛只有一支航空部队，有18架飞机，包括12架战斗机、5架鱼雷轰炸机和1架侦察机。

高炮只有50门，40毫米高射炮40门，军舰上有10门高射炮。英军与来袭的意大利飞机展开了激烈的空战。6月22日，英军击落一架意大利侦察机。

7月后，不列颠空战打响，但英国仍出动飞机和护航运输队增援马耳他岛。

当时，驻埃及亚历山大港海军基地的英国舰队的实力并不强大。另外，英国海军在控制地中海西口的直布罗陀海军基地驻有战列舰、航空母舰和巡洋舰各1艘，还有9艘驱逐舰。

英国在地中海地区的海军部队在数量上明显比意大利海军少，尤其是作战舰艇和护航舰艇数量更少。

从舰艇的质量上看，双方主力舰的舰龄差不多，都是第一次世界大战以前或者战初建造的。

英国的地中海舰队的旗舰“厌战”号与意大利的2艘战列舰都经过了现代化改装。

意大利即将服役的“里多利奥”级战列舰是新舰，意大利另2艘战列舰的改装工程接近了尾声。意大利的4艘战列舰上装备了12.5英寸火炮，射程比英国战列舰上的15英寸火炮的射程远，这使意大利舰队占有优势，使它便于选择交战时间和地点，拥有撤出战斗的主动权，就是说当撤出战斗时，能够进行有效的防御。

战争爆发时，意大利海军的补给条件比较好，在锡拉丘兹、巴勒莫、布林的西、塔兰托、那不勒斯、墨西拿、奥古斯塔等地都建立了海军基地。凭借如此多的基地，意大利海军能够夺取地中海的制海权，保护行驶于意大利与北非之间的海上运输船队。

另外，意大利海军在北非地区拥有的黎波里港口基地和托布鲁克港口基地。在地中海上作战，意大利海军能够得到陆基飞机的有力支援。

相反，在地中海，英国海军可以停泊的基地只有亚历山大港和直布罗陀港，两港相距十分遥远。

因此，英国人认为，马耳他海军基地是英国能否在地中海地区战胜意大利的关键。由于大部分舰艇已经撤离马耳他，马耳他仅剩一个潜艇分队。

基地的防御能力很弱，难以支援水面舰艇部队。原计划向马耳他岛增运的防空武器，运到的仅有重型高射炮 34 门、轻型高射炮 8 门和探照灯 24 座。最重要的是，计划增派的战斗机中队还没有到来。

至关重要的是马耳他海军基地距离最近的英国海军港口约为 1000 英里。意大利西西里岛距离马耳他岛约为 60 英里。马耳他岛的防御情况非常糟糕。

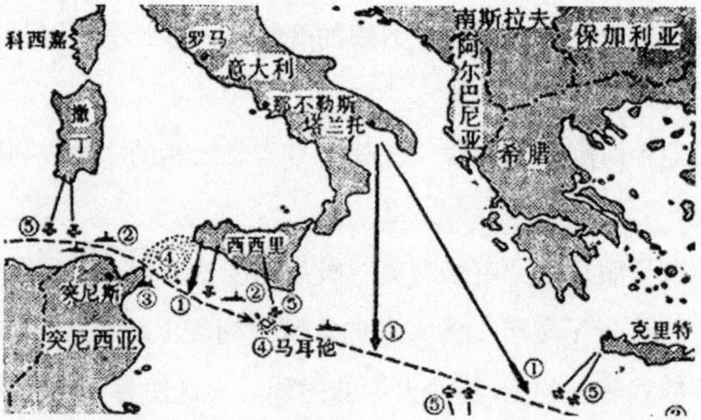

马耳他岛具有重要的战略地位，图为马耳他岛位置图

第一次交锋

这次轰炸只给英舰队造成了轻伤，墨索里尼却说“歼灭了英国在地中海的舰队的一半兵力”。

许多英国人认为马耳他岛是没有什么希望了。可是有一个人的看法却完全相反，他就是英国皇家海军地中海舰队的司令官坎宁安海军上将。

坎宁安认为，在海战开始时，意大利海军的主力只不过是两艘旧式战列舰和 19 艘巡洋舰，而英法海军在地中海拥有 11 艘战列舰、3 艘航空母舰和 23 艘巡洋舰。而且，英法两国在地中海地区以外拥有其他舰队，一旦损失就能立即获得补充，因此双方之间兵力的悬殊就决定了海战的胜负。总体上，意大利的军舰总计为 69 万吨，而英法海军则是意大利的 4 倍以上。

1940 年 6 月 11 日凌晨 5 时，10 架意大利飞机轰炸了马耳他岛上的修船厂和飞机场。接着，意大利飞机接连发动袭击，轰炸的规模大小不等，仅 6 月份就轰炸了 36 次。

马耳他岛上的修船厂遭到了破坏，浮船坞被意军炸沉。由于意军飞机的不断空袭，坎宁安被迫从马耳他岛撤走潜艇部队。这时，英国陆续调来了几架战斗机，6 月底，英军守岛部队已经拥有 4 架旋风式战斗机了。另外，舰队航空兵第 767 中队也到达了该岛。

英国能否实现在地中海地区的战略目标，马耳他岛将发挥关键作用。坎宁安海军上将对此深信不疑。使他感到不放心的是马耳他岛的防御能力十分薄弱，无法作为发动进攻的军事基地。

为了破坏意大利至北非的海上运输线，大部分作战部队将从马耳他岛派出。7 月 1 日，坎宁安向英国海军部请示，请求向马耳他岛增派更多的战斗机和侦察机。在当时的情况下，坎宁安的轻型舰艇部队不敢在马耳他基地加油，更别说在马耳他停泊了。情况虽然很糟，但后来发生的一次海上交战，使英国皇家海军士气大振。

英国早就准备派遣两支护航运输船队，把埃及亚历山大海军基地急需的援军和军用物资从马耳他转送过去，并撤走岛上多余的文职人员。预计执行运输任务的护航船队将遭受意大利军队的打击。英国决定发动一次海上战斗，以使护航运输船队安全通行。

7 月 7 日，坎宁安指挥一支舰艇编队从亚历山大港口出征。这支编队由 3 艘战列舰、1 艘航空母舰、5 艘巡洋舰和 16 艘驱逐舰组成。

意海军只有“加富尔”号和“恺撒”号两艘战列舰。坎宁安认为应该趁意大利的其他战列舰还没有建完以前，先干掉“加富尔”号和“凯撒”号。而意海军总司令部则希望意空军能在海战前先把从亚历山大港出发的英舰队的战列舰干掉，求得双方兵力的平衡。

意海军总司令部出动潜艇和飞机去拦截直布罗陀的英舰队，意舰队护送运输船队于 7 月 8 日晚到达北非的班加西港。意舰队指挥官康姆皮翁尼海军上将向海军总司令部报告说，他正向东航行准备与从亚历山大港出发的英舰队交战。

意海军总司令部拒绝了，因为坎宁安拥有 3 艘优势战列舰，3.1 万吨，各有 8 门 381 毫米舰炮。而意战列舰“加富尔”号和“恺撒”号仅 2.3 万吨，各有 10 门 320 毫米舰炮。

意海军总司令部决定把兵力集中在地中海中部，既能保存舰队的实力，又能保卫爱奥尼亚海海岸，趁亚历山大港的英舰队还没有与从直布罗陀港出发的英舰队会师以前，与之交战。

7 月 9 日整个上午，英侦察机不停地跟踪意舰队。意大利侦察机连英舰队的影子都没有找到。13 时 30 分，意舰队突然遭到英鱼雷机群的攻击。

意大利“恺撒”号战列舰被英国“厌战”号战列舰击中并引起大火

意舰队成功地躲过了鱼雷，英鱼雷机除了从航空母舰上起飞外，不可能来自其他地方，英舰队肯定就在附近海域。

13 时 40 分，康姆皮翁尼向空军请求轰炸机支援，希望能用轰炸机炸乱英舰的队形。可是，空军轰炸机却在战斗结束时才到达战场。意空军轰炸机群不仅没有轰炸英舰队，而是轰炸了撤向墨西拿的意舰队，幸亏没有造成误伤。

康姆皮翁尼出动一架小型侦察机，很快，意侦察机在 80 海里外找到了英舰队。

15 时左右，意舰队右侧的巡洋舰看见英舰后马上开火。英“海王星”号巡洋舰受到轻微损伤。双方庞大的战列舰正在互相靠近，15 时 53 分双方开火了。

“鹰”号航空母舰上的鱼雷机发动了攻击，又没有命中意舰。

16时过后，英战列舰“瓦斯派特”号发射的一颗巨大炮弹击中了意战列舰“恺撒”号，“恺撒”号燃起大火，锅炉熄灭了。意巡洋舰“博尔臧诺”号被3颗中型炮弹命中，只受到轻微损伤。英战列舰“瓦斯派特”号在舰尾齐射时，误将一架英侦察机击毁。

意巡洋舰施放烟幕保护“恺撒”号撤退，同时“加富尔”号也撤出了战斗，因为“加富尔”号无力与英3艘战列舰交战。由于烟幕笼罩，遮住了英舰队的视线，英舰队不敢冲进烟幕，担心受到意潜艇和驱逐舰的伏击。

16时45分，英舰队撤出战场。这就是第一次锡尔特湾海战，英国把这次海战叫做“卡拉布里亚之战”，是战争史上意海军与英海军的第一次交战。

英舰队向马耳他岛东南海面行驶。最后，“君主”号战列舰和几艘驱逐舰驶入马耳他港加油，2支护航船队起航离开了马耳他港，安全地到达埃及亚历山大港。

意大利空军在此次海战的前一天晚上曾经轰炸从直布罗陀港出发的英巡洋舰“格利塞斯特”号。当英舰队到达巴利阿里群岛南面时，又有少数英舰被意大利空军炸中。

这次轰炸只给英舰队造成了轻伤，墨索里尼却说“歼灭了英国在地中海的舰队的一半兵力”。

马耳他告急

马耳他成为第二次世界大战中遭到轰炸最严重的地区之一，约有1.4万吨炸弹落在马耳他岛。

英国首相丘吉尔对马耳他岛的存亡十分忧虑：马耳他岛是英国在中东

地区的希望所在，英国的战略资源几乎都来自中东地区。可以说，一旦中东地区落入德意联军手中，英国就无法对付德国和意大利了。英国被迫用一切手段强化马耳他岛的防御。

马耳他岛的日益强化使意大利在地中海地区和西西里海峡的海上交通受到严重的威胁，英国部署的飞机、舰队、潜艇的兵力能在很短距离内给予攻击。马耳他岛的英国飞机能够空袭整个意大利南部。马耳他岛使英国直布罗陀港至埃及亚历山大港之间的英军海空军的活动有了宝贵的基地。

马耳他岛并不是孤独的海岛，而是英国地中海战略图中最重要的部分。马耳他岛处于地中海的中央，整个地中海战场都受到马耳他的控制，意海军的所有运动都能由岛上的侦察机加以监视。

从 1940 年秋季开始，意海军要求政府做出决策，以便尽快采取措施占领马耳他岛。

8 月 2 日，英国的第一批 12 架飓风式战斗机搭载“百眼巨人”号航母，在马耳他岛上降落，组成第 261 战斗机中队。

11 月，英军发现意空军的力量减弱了，就把更多的飞机调入马耳他，加强了空中力量，准备发动反攻。英军又为马耳他岛增援了布雷汉姆轰炸机 16 架，准备与意空军交战。

11 月 11 日，“光辉”号航母出动 21 架旗鱼式鱼雷轰炸机，进入意大利南部军港塔兰托，击沉 5 艘战列舰中的 3 艘，击伤大批舰船。

落后的意大利空军无力与英军为敌，墨索里尼只好向德国空军求助，尽管他不想让德国插手地中海事务。1940 年末，希特勒派遣由 400 架飞机组成的德国第 10 航空兵团转向西西里岛。

马耳他岛上的警报每天都响，驻岛英军很快就发现“德国人每次只出动 3 至 5 架轰炸机，在许多战斗机的护航下入侵，一天最多空袭 8 次。德军只轰炸机场和码头之类的军事目标”。德国空军元帅阿尔贝特 · 凯塞林认为这种持续不断的轰炸战术能够不给英军以喘息的机会。但对英军来讲，他们可以集中防空力量来对付入侵之敌。

德军的空袭进行得非常艰难，德机刚一到达马耳他岛上空，就遭到上千发炮弹的威胁，德机被迫靠急转弯来躲避。

1月10日，有大批军舰护航的英国船队从直布罗陀港启航，向英国在地中海的海军基地马耳他岛运送部队和飞机。

护航的舰只中有2.3万吨级的航空母舰“光辉”号。“光辉”号是英军最新的航空母舰，有铺着钢板的飞行甲板，对意大利的补给线构成了巨大的威胁。

德国第5空军大队的指挥官汉斯·斐迪南·盖斯勒中将收到了从柏林发来的命令，必须将“光辉”号航空母舰击沉。

12时28分，英海军丹尼斯·博伊德上尉站在距离马耳他岛还有100英里的航空母舰“光辉”号的桥楼上，正紧张地注视着天空。

不久前，航空母舰上的一支福尔玛战斗机编队飞往西西里岛方向，前去拦截2架意大利鱼雷轰炸机。在航空母舰的甲板上，另一支福尔玛战斗机编队的发动机引擎已经发动，7分钟后就能起飞并拦截德军飞机。

与此同时，德军三四十架容克–88中型轰炸机和斯图卡式俯冲轰炸机从1.2万英尺的远方扑来。

6颗重达1000磅的炸弹击中了“光辉”号航空母舰，一颗炸弹穿透飞行甲板在油漆库里炸响，大火冲天。一颗炸弹击中二号右舷炮，炮手当场身亡。第3颗炸弹击中了升降平台，一架飞机被炸碎。其余的3颗炸弹在航母中心爆炸，飞机库被炸成弓形。

“光辉”遇到了大危机：飞行甲板被摧毁，战斗机无法起飞和降落。博伊德命令“光辉”号施放墨黑的烟幕，并以21节的速度向马耳他撤退。

一路上，德意飞机又对“光辉”发动了3次空袭。晚上10时15分，“光辉”号在成千上万人的欢呼声中躲进了马耳他的帕拉托里奥码头。

但“光辉”的灾难并没有结束，德国斯图卡式俯冲轰炸机轮番对它进

对“光辉”号航空母舰进行轰炸的德国斯图卡式飞机

行轰炸。“光辉”号航空母舰的吃水线以下被击穿，海水冲进锅炉房。两周后，“光辉”号在黄昏时分秘密撤离马耳他岛，到达亚历山大港。“光辉”号航空母舰在 11 个月内不能参加战斗了。

从此，将近两年的对马耳他岛的大规模轰炸开始了。马耳他岛成为第二次世界大战中遭到轰炸最严重的地区之一，约有 1.4 万吨炸弹落在马耳他岛。

“杜伊斯堡”船队的覆灭

墨索里尼对“杜伊斯堡”船队的覆灭感到悲叹不已。

1941 年 4 月 8 日，由 4 艘最先进的驱逐舰组成的马耳他打击舰队，在坎宁安的指挥下加强了对德意海上运输线的封锁。德意与英国对地中海制海制空权的争夺战更加激烈了。

5月，德国空军第10军被调往其他战区。英国利用德国空军兵力转移的大好机会，向马耳他岛增派空军。

英军知道只要封锁了意大利的海上运输线，就能够在非洲战区打败德意联军。英军发挥了非常有效的飞机与潜艇的协同战术，互相引导对方从事进攻或者召唤对方去干掉自己所发现的舰船。

英军对意大利运输船队的攻势越来越猛，意大利被迫于1940年10月动用驱逐舰来运载军队，但却无力为数量庞大的运输船队护航。

1941年6月，意大利送往北非的补给为12.5万吨。10月，意大利送往北非的补给猛减至6.1万多吨，损失率达20%。

从1941年10月起，英国民航飞机也载运补给品到马耳他岛并运回伤员。飞机的起降和补给品的装卸都必须在夜里进行。

11月8日下午，一架英军侦察机在返回途中，侦察到由7艘商船、2艘油轮、10艘驱逐舰组成的"杜伊斯堡"船队，马上召唤马耳他舰队发动进攻。9日零时过后，马耳他舰队拦截了这支庞大的船队。

英舰用舰炮和鱼雷发动了强大的攻势，意大利商船和油船纷纷躲避。负责护航的意大利海军驱逐舰队迅速向船队驶来，它们的回援已经太晚了。

在英舰攻击商船的时候，意大利驱逐舰经常刚一露面就遭到马耳他舰队的进攻，意大利驱逐舰连忙撤退，每次都在烟幕的掩护下逃跑。

这次战斗的后果对意大利是个大灾难。7艘商船全都沉没，还有2艘驱逐舰沉没，2艘驱逐舰遭受重创。

在意大利和德国方面，正要向英军发起进攻的隆美尔在海战后的第2天感到愤怒和沮丧。向北非战场运送补给的船队被迫停了下来，原本向隆美尔增援6万人的部队，只有8000人到达。

墨索里尼对"杜伊斯堡"船队的覆灭感到悲叹不已。

德军增援地中海

意大利海军在德国空军的支援下切断了英国对马耳他岛的补给线。

11 月 18 日，英国海军在北非发起了“十字军远征”的进攻，驻守马耳他岛的英国海空军对意大利的补给线发动了更加凶猛的进攻。

意大利的海上运输几乎被完全封锁，陷入大危机之中。正在北非和英军进行冬季决战的隆美尔，由于兵力、装备、弹药、给养严重不足而被迫败退。

北非德意联军补给问题的核心是与英军在马耳他岛的空军优势分不开的。意大利所有的麻烦都来源于马耳他，在战争初期没有攻占马耳他岛和突尼斯的小小错误，意大利和德国后来付出了在非洲战区惨败的代价。

北非战场的恶劣形势引起了希特勒和墨索里尼的忧虑。德国海军总司令雷德尔和德国非洲军司令隆美尔等早就要求，向北非战场投入更多的兵力，占领英国的中东资源基地。再从中东进攻苏联南部。

希特勒不愿抽调苏德战场的兵力，但也不得不把德国空军第 2 航空队调到了意大利，任命凯塞林元帅担任南方战线总司令。

另外，德国和意大利加强了在地中海的海军力量，取得了地中海的海空军力量的优势。面对有利的形势，雷德尔对希特勒说：“目前，地中海的形势明显对我们有利，可能将来再也不会出现了。许多情报表明，英国正以巨大的努力将一切可能的部队源源不断地运往北非……所以，尽快占领马耳他是最重要的事情。另外，对苏伊士运河发起的进攻，不能晚于 1942 年。”

雷德尔进一步建议：

“若德国和意大利不攻占马耳他岛，德国空军必须用现在的规模继续轰炸马耳他岛。只凭空袭就能阻止英军在马耳他岛重建进攻和防守的力量。”

德国和意大利两国最高统帅部宣布了攻占马耳他岛的计划：意大利海军舰队掩护登陆战，提供登陆用的船只，由“特种海军部队”训练陆海军登陆部队；德国陆海空军给予强有力的支援。

1941 年 12 月，希特勒指示地中海战区的德军，规定 1942 年的任

德国战机对马耳他岛进行了长期轰炸。图为正在执行任务的德国战机

务为：“取得意大利南部至北非间的制空权和制海权，保证通往利比亚及其昔兰尼加省的海上运输线的安全，特别是要不惜一切代价对付马耳他……切断英军途经地中海的交通线以及英国由托布鲁克港和马耳他得到的补给线。”

希特勒把第 2 航空队调到了西西里岛，支援意大利海军作战，加强对马耳他岛的空袭，对马耳他进行海、空封锁，压制马耳他岛。

在登陆部队积极准备的同时，德国第 2 航空队对马耳他进行长期激烈的轰炸，大规模炸毁马耳他岛的防御体系。意大利海军在德国空军的支援下切断了英国对马耳他岛的补给线。

1941 年 12 月上半月，每天轰炸马耳他岛的飞机不足 10 架，至下半月就增加到 30 架。

1942 年 3 月的轰炸更加频繁，每天出动 80 架轰炸机进行俯冲轰炸。

3 月 8 日，368 架德军轰炸机投了 76 吨炸弹。频繁的轰炸使马耳他岛的机场和跑道密布着弹坑，防空工事变成了废墟，港口瘫痪了。英国地中海马耳他分舰队撤到了北非的海军港口。

德意两国海军舰艇在空军的大力支援下对马耳他加强了封锁，阻挠英国皇家海军对马耳他岛给予补给。

第二次锡尔特湾海战

德国、意大利的运输船采取最远的迂回航线都无法逃过英国飞机的进攻。

英海军在冒险进行新的补给航行以前，曾做过许多试探的工作，包括在亚历山大港附近举行了保护运输船队的军事演习。

1942年3月20日上午，一支由4艘商船组成的英军运输船队在防空巡洋舰“卡尔利塞耳”号和6艘驱逐舰的护送下离开亚历山大港。

20日晚，魏安司令率英巡洋舰“埃及女皇”号、“尤利阿里斯”号、“狄多”号以及11艘驱逐舰也加入到护航舰队之中。

21日上午，英国驻北非第8集团军发动一次进攻，把在北非地区的意德飞机吸引到前线。这样，在北非的意德飞机就没有在海上执行侦察任务。

意大利和德国的其他侦察机的注意力都被巴利阿里群岛以南的英航空母舰和在突尼斯以北的两艘英鱼雷艇给吸引住了，英军施展的手段都成功了。

21日下午，在东地中海，意潜艇“普拉廷诺”号和“昂尼切”号发现了英运输舰队。意海军总司令部马上命令由“果里齐亚”号、“特兰托”号和“邦德尼尔”号组成的巡洋舰队率4艘驱逐舰从墨西拿港启航。同时命令战列舰“里多利奥”号率领4艘驱逐舰从塔兰托港启航。这次行动的总指挥官是伊亚金诺上将，旗舰是“里多利奥”号。

21日晚，英巡洋舰“贞妇”号和1艘驱逐舰由马耳他岛启航去支援运输舰队。

22日上午，英军舰船集结完毕，拥有5艘巡洋舰和18艘驱逐舰，对付意军的1艘战列舰、3艘巡洋舰和8艘驱逐舰。

当时，马耳他岛守军的处境艰难，在整个航行期间英机都没有看见意舰。伊亚金诺上将认为一定能够突然袭击英舰队。可是，有一艘在意大利塔兰托港南面巡逻的英潜艇却发现了意舰队。

英舰队立即改走更加向南的航线以避免接触意舰队。与此同时，强烈的风暴由东南方卷起，驱逐舰受到海浪的威胁，意舰队被迫以不足22节的速度航行。

意驱逐舰“格勒卡勒”号的机器发生了故障，被迫返回塔兰托港，结果战列舰“里多利奥”号只剩下3艘护卫驱逐舰了。

14时24分，位于“里多利奥”号以南60海里的意巡洋舰队发现了英巡洋舰。英巡洋舰以为对方是意舰队的3艘战列舰，赶紧施放烟幕。

意巡洋舰队连忙向西北撤退，目的是吸引英舰队与“里多利奥”号战列舰相遇。英舰队发现对手只是3艘意巡洋舰后，连忙向西北追击。

14时35分，当英舰船刚冲出烟幕时，意巡洋舰队立即开火。英舰队撤退并施放烟幕。当英舰队撤退时，意巡洋舰队立即跟踪，当英舰队向前追击时，意巡洋舰队又向西北撤退。这样持续了约1个小时，双方都没有受到损伤。

与此同时，英船队趁机在“卡尔利塞耳”号巡洋舰和6艘驱逐舰的护送下向南航行。

16时18分，战列舰“里多利奥”号率3艘驱逐舰与巡洋舰队会合，当时风力接近50节，再加上有浓雾。英舰队躲在烟幕中，不断地施放烟雾直到19时30分天色完全黑暗为止。

在此期间，意舰队把双方的距离缩短。为了减轻意舰队的威胁，英驱逐舰多次发动攻击。

英驱逐舰每次都受到意战列舰“里多利奥”号的打击，但损失很小。英舰队的烟幕战在巨浪的帮助下成功了，他们躲在意战列舰的射程之外，并尽量拖住意舰队。

英舰队相信天黑后，意舰队会撤离战场，因为天气条件恶劣和意驱逐舰数量不足。

意舰队看透了英舰队的意图，于18时30分继续靠近并射击。英舰队的一些驱逐舰拼命向“里多利奥”号进攻，“里多利奥”号381毫米巨炮的强大火力给予英驱逐舰以重大损伤。不过，“里多利奥”号也被迫躲避英驱逐舰发射的鱼雷。

18时51分，意舰队向西北撤退。

在这次海战中，英巡洋舰“埃及女皇”号后炮塔多处被击中。英驱逐舰“哈伏克”号被炮火击中，受到轻微损伤。英驱逐舰“罗马军团”

号、“捕鲸枪”号和“活泼”号受到重创，“金斯敦”号驱逐舰被击中后起火。

满载货物的4艘英商船及其护航舰队准备当晚到达马耳他岛，趁空袭还没有开始以前卸货，可是海战使它们到达马耳他的时间晚了4个小时。

德国空军第2天清晨发动空袭时，英军船队刚刚到达马耳他岛以南海域，1艘被炸沉，1艘遭受重创被迫搁浅。3月24日、25日，德国空军对马耳他岛发动大规模空袭，将英国驱逐舰“罗马军团”号、货船“布雷坎郡”号、“庞帕斯”号和“塔腊博特”号炸沉。25 900吨货物中，只有5000吨交到了马耳他岛的英军手中。马耳他岛在以后的3个月中，没有得到给养。

马耳他英军顽强地抗击着德军的空袭。英国皇家空军驻守马耳他，为马耳他的生存而忘我地战斗着。在最危难的时候，英军守岛部队投入的战斗机很少。但仍然坚持空战，保证很多将马耳他岛作为中途基地的飞向埃及的飞机能够起飞。当战斗机起飞作战，地勤人员为下次战斗进行地勤保障时，步兵们忙着修理被炸坏的飞机场。

马耳他岛处于危难之中，守岛英军司令多比将军非常焦虑。3月间，多比将军报告说局势危急；4月20日，多比又报告说：“如果再不给我们补充供应品，尤其是粮食和装备，那么，无法想像的一步就会来临，来得会非常快……这是守岛英军生死存亡的大问题。”

英王乔治六世授予马耳他岛守军“乔治十字勋章”，这是英国政府对他们在极端危险条件下表现出的英雄主义给予的最高奖赏。

丘吉尔对马耳他岛的存亡非常忧虑。马耳他岛是大英帝国在地中海地区所有希望的关键。丘吉尔命令海军部从距离马耳他岛1000公里的“鹰”号航空母舰上起飞“喷火”式战斗机增援马耳他岛，每次增援16架。

4月和5月间，从美国“黄蜂”和“鹰”号航空母舰上起飞的英国126架飞机到达了马耳他岛，使守岛英军实力大增。

美军“黄蜂”号航空母舰

5月9日和10日，马耳他岛英国空军多次升空，与前来袭击的德意空军展开了空战。凯塞林被迫下令放弃对马耳他岛的白天轰炸。

5月9日，“黄蜂”号航空母舰又向马耳他岛增援第2批“喷火”式飞机。

这时，马耳他岛仍处于德意海空军的封锁和空中打击下。6月中旬，英军运输船队在海空军的护送下，由东西两面向马耳他岛驶去，在德意海空军的打击下损失很大。

17艘补给船中有2艘到达马耳他岛，其他运输船和护航舰队被迫回到埃及。马耳他岛仍处在危难之中。

不久，马耳他的厄运结束了。

早在4月29日至30日，希特勒与墨索里尼会晤，商讨北非地中海战场日后的战略目标。就在这次会晤中，希特勒做出了一项关于北非地中海命运的大决定：推迟攻击马耳他岛。

德国南线元帅凯塞林听说后非常失望，就像快到手的猎物又逃掉一样难受。

推迟攻击马耳他岛的决定，成为轴心国在地中海地区战争中最致命的错误。从此，轴心国在地中海地区开始走下坡路了。

1942年春，轴心国尽管有远征中东的庞大计划，可是其能够依赖的是一条往返地中海靠不住的海上运输线、一些吞吐量较小的利比亚港口，和北非沿海的狭长阵地。

在1942年中，轴心国还遇到了最大的困难：在巴尔干地区，德国缺少足够的兵力从巴尔干地区发起一场联合攻势。土耳其已经不站在轴心国一边了。地中海东部的阿拉伯国家，恢复了对英国的殖民依赖，阿拉伯国家把领土提供给同盟国作为盟军预备队休整的中心。

轴心国部队占领区以西的西班牙，日益倾向于同盟国。在轴心国占领区的翼侧和后方是法属北非，轴心国对法属北非的重要性没有重视。

5月中旬，凯塞林被迫把第2航空队的主力部队调到东线。德国和意大利停止了对马耳他岛的攻击，解除了对马耳他岛的封锁。英国连忙加强马耳他岛的空、海军兵力。

同时，美国航空兵参加了地中海作战。5月底，盟军在整个地中海的很多地区都建立了空中基地，恢复了战斗力和防御力，特别是在马耳他岛。

从4月19日至6月5日，航空母舰给马耳他岛提供了178架战斗机。最重要的是，调到马耳他的新型鱼雷机的作战半径更大，由1939年的100海里提高到1942年的400海里，超过了地中海的范围。

结果，德国、意大利的运输船采取最远的迂回航线都无法逃过英国飞机的进攻，甚至巴迪亚、托布鲁克和马特鲁港内的德国和意大利舰船都很

马耳他岛上的飓风式战斗机

难逃过被鱼雷机袭击的厄运。

这时，轴心国已经无法保护运输船队免受英国飞机的攻击。凯塞林被迫集中力量轰炸马耳他岛的机场。在一次轰炸中，德机投了700吨炸弹，炸毁了17架飞机。然而，德国轰炸机遭到英国战斗机的围攻，损失飞机65架，英军损失了36架战斗机。

“基石”护航行动

马耳他岛的战斗机前来救援，剩余船只才脱离了险境。

自从1942年6月英国开往马耳他的护航船队被击溃后，英国不敢再进行护航战役。高射炮弹和航空汽油等重要物资，由快艇和潜艇运到马耳他。

守军面临的饥饿问题未能得到解决，从 1942 年 3 月至 8 月仅有 2 艘受创的补给船开到马耳他。马耳他严重缺乏面粉和弹药，若得不到及时足够的补给，英国守军将难以坚守。

于是，英国政府决心在 8 月中旬发动一次护航战役，派庞大的运输船队到达马耳他，代号为“基石”。英军统帅部知道，只要昔兰尼加掌握在德意手中，船队就无法由东部驶入马耳他岛。

英国船队需要再次集结力量从直布罗陀打开通路。为此，英国集结了一支包括现代化巡洋舰和驱逐舰在内的大型护航队，用来对付意舰队。与此同时，英国和埃及加强了马耳他岛的空军力量。

7 月初，英军统帅部把被迫撤出马耳他岛的潜艇派回，恢复进攻基地的作用。7 月 20 日，第 1 艘潜艇到达马耳他。

7 月底，英军在马耳他的飞机数量进一步增至 260 架。8 月末，盟国空军转守为攻，完全取得了马耳他海空域的控制权。

8 月份，英军潜艇部队击沉 7 艘意大利和德国的运输船，总吨位为 40 043 吨。

8 月 10 日晨，英国 14 艘货船由直布罗陀出发，穿过直布罗陀海峡朝马耳他方向驶去。护航舰队有载有 72 架战斗机的“鹰”号、“无敌”号、“胜利”号航空母舰，第 4 艘“暴怒”号航空母舰载有送往马耳他的战斗机；还有 2 艘战列舰、7 艘巡洋舰、24 艘驱逐舰、8 艘潜艇和 20 多艘小舰。这支护航力量是整个地中海海战中最强大的，可见英舰队这次行动至关重要。

8 月 5 日，意大利海军总部已经从情报部门处得知，英海军计划在西地中海展开一次更大的活动。9 日至 10 日晚，德意进一步得知，一支庞大的英船队分成若干群正穿过直布罗陀海峡向东驶去。

英军“开罗”号巡洋舰

根据这个重要的情报，德意两国最高统帅部马上部署兵力想拦截这次航行。因为缺乏燃油而无法出动战列舰，德意联军只好派出了大批空军、21 艘潜艇、若干巡洋舰、驱逐舰和鱼雷艇，西地中海设置了 5 道拦截线，企图迫使英国船队分散兵力，再由意大利巡洋舰队把它消灭。

一场激烈的西地中海海战即将开始。

8 月 11 日，英国船队通过了巴利阿里群岛与突尼斯之间的 7 艘德意潜艇组成的封锁线。航空母舰“鹰”号被德国潜艇 U—73 号击沉。下午，英军 37 架飞机从航空母舰“暴怒”号上起飞，飞往马耳他岛，“暴怒”号航空母舰开始返航。半路上，“暴怒”号航母遭到意潜艇“达加布尔”号的攻击，英国驱逐舰随即还击，击沉了“达加布尔”号。

日落时，德意飞机开始猛烈轰炸，潜艇不断攻击，但只给英国船队造成轻微的损失。

8 月 12 日上午，英国船队通过撒丁岛以南时，德意空军发动猛攻，使“无敌”号航空母舰和几艘运输船受到重创，德鱼雷攻击机击沉了 1 艘驱逐舰。

当晚，英航主要舰只返航。运输船队由 4 艘巡洋舰和 10 艘驱逐舰护送，继续朝马耳他驶去。这时，除了 1 艘货船“杜卡利昂”号受轻度损伤外，其他均未受损。

船队到达由 6 艘意潜艇组成的邦角区域的封锁线时，船队遭受重创。意潜艇击沉了防空巡洋舰“开罗”号和 4 艘运输船，英巡洋舰“尼日利亚”号遭受重创。“开罗”号和“尼日利亚”号巡洋舰是作战护航的控制中心，它们损失后船队陷入混乱。

德意轰炸机和鱼雷机又将英巡洋舰“曼彻斯特”号、1 艘油轮和 2 艘运输船击沉。8 月 13 日上午，德轰炸机攻击英船队，又击沉了 2 艘弹药船。不久，马耳他岛的战斗机前来救援，剩余船只才脱离了险境。

13 日晚，5 艘运输船运送 3.2 万吨货物到达马耳他岛，有 1 艘油轮运来了守岛英军急需的航空燃油。在这次海战中，德意海军和空军击沉了英国 1 艘航空母舰、2 艘巡洋舰和 9 艘运输船。德意损失了 60 架飞机、2 艘潜艇，2 艘巡洋舰受到重创。

虽然没有拦住英船队的运输行动，但这是意大利海空军在第二次世界大战中取得的最大一次胜利，也是德意在地中海海战中的最后一次胜利。

盟军扭转战局

1942 年季，同盟国从根本上扭转了地中海的战略形势，掌握了制海权。

1942 年 10 月，英军在地中海的海军兵力快速发展，达到了惊人的程度，其舰艇比原来增加了近1倍，多达114艘。意大利的舰艇只增加了10艘，才78艘，各类舰艇比半年前仅增加2至3艘。这时，英国海军占有绝对优势。

美国航空母舰调到地中海地区，英国能够充分利用航空母舰的战斗机支援海军作战，还可为马耳他岛运送飞机。

10月11日，德、意空军再次向马耳他岛发动猛攻，妄想歼灭马耳他的空军。同盟国向马耳他不断增派战斗机，岛上的空军力量迅速强大，战斗机从5月份的23架猛增至9月份的169架。

1周后，德意空军被迫放弃了空袭。此时，德国海军的主要兵力集结在大西洋和北极圈海域，艰难地进攻同盟国的庞大的护航运输船队。

在地中海，德国只有15艘潜艇。1943年1月以后，德军潜艇数量减少，德意主要依赖空军与同盟国对抗。由于德国最关注的是大西洋和东线战场，同盟国在地中海战区的空军增长速度远远超过轴心国。1943年初，盟军飞机有3000架，轴心国只有1700多架。

由于同盟国在马耳他岛的海空军战斗力的迅速强大，德意军的不断衰弱，轴心国的航运损失迅速上升。10月份，轴心国的航运损失率达到44%。运往北非德意联军的3.2万吨补给品，仅安全运到2万吨。对北非德意联军最重要的油料，运出1万吨，只有4000吨送到了北非。

北非的德意联军经常处于弹尽粮绝、油料不足的窘境，而英国第8集团军得到了足够的兵力、装备和物资补给。在双方实力悬殊的情况下，英军向德意联军发动了阿拉曼战役。阿拉曼战役开始后仅3天，10月26日，一支满载汽油和弹药的意护航船队被盟军歼灭，这对德意联军是一次沉重的打击，使隆美尔无法得到补给。

没有燃油，隆美尔不能有效利用机械化部队发动他所擅长的运动战。隆美尔被迫多次放弃进攻。

当蒙哥马利指挥英国第8集团军向西追击隆美尔的部队时，盟军又于

11月8日发动了北非“火炬”登陆战役，登陆的成功对北非的德意联军构成了严重威胁。

11月13日，一支由巡洋舰和驱逐舰组成的盟军Q舰队进驻阿尔及利亚的波尼港。

波尼港是通往比塞大港和西西里海峡的据点，控制着撒丁岛以南的海域。波尼港与马耳他岛成为盟军用来对付西西里海峡的巨型钳子。在这种夹攻的态势下，德意对非洲的海上补给线几乎瘫痪。

这对负责向突尼斯德意联军运送补给的意大利海军构成了严重的威胁。虽然具有决定性的突尼斯战役没有打响，但是非洲的德意联军已经快因给养严重不足而丧失战斗力了。

11月11日，希特勒命令“抢在英军从阿尔及尔进入突尼斯以前进入突尼斯”。

这次，共有3个德国师和2个意大利师参加此次作战任务。为5个师的部队提供后勤补给的重担落在不堪重负的意大利海军身上。意海军被迫与英海军决一死战。

在此以前，意大利海军总部曾向其最高统帅部说明，由于盟军海军力量的迅速强大，除了对利比亚进行补给外，意大利海军无法承担任何大规模的海上援助行动了。

由于盟军登陆北非获得了成功，意海军请求放弃对的黎波里的船运补给，支援突尼斯守军。

因为，突尼斯已经对轴心国变得至关重要了：突尼斯是地中海的门户，是向非洲发动反攻的基地。但希特勒却不准利比亚的隆美尔军队向后撤退。结果，意海军被迫承担无力肩负的任务——同时向的黎波里和突尼斯提供补给。

11月12日下午，第1支意大利船队安全驶入突尼斯比塞大港。这支船队由2艘运输舰和5艘驱逐舰组成，运载1000名意军和1800吨的军火。

为了保障军事补给线，意大利海军被迫在突尼斯成立了指挥部，从此开始了地中海海上补给战的最后阶段。在这个阶段，德意海军丧失了地中海的制海权。

在盟军主力没有进入突尼斯以前，英军继续向利比亚提供补给。

11月，意海军为空运到突尼斯的5个师运送了3万吨补给，包括油料、坦克和火炮等，还运送部队1.3万多人。德意联军凭借这些援军和军火，粉碎了盟军夺取突尼斯和比塞大港的军事进攻。

11月19日，一支由亚历山大港启航的英船队抵达马耳他岛。这时，德意潜艇在北非沿海活动频繁，严重威胁同盟国的航运。

11月10日，德潜艇击沉了同盟国的1艘运煤船和1艘驱逐舰。11日，德潜艇又击沉了4艘运输船。11月中旬以来，德国海军增调力量在海上封锁了北非的大西洋沿岸海域：在直布罗陀以西部署了25艘潜艇，主要负责切断同盟国对登陆部队的补给。德国海军在西西里岛至突尼斯海岸之间海域设置了两道平行的长120海里的水雷区。

虽然轴心国加强了封锁，对盟军的地中海航运却没有产生重大的影响。12月份，盟军在地中海只损失了16艘运输船。这时，北非的德意联军已经变成了强弩之末。

英军占领利比亚的昔兰尼加后，通向马耳他岛的海上交通畅通了，马耳他岛从围困中解脱了。英军再次增调大量兵力和给养，加强了马耳他岛的战斗力，不仅向马耳他增援了潜艇和飞机，还派驻了水面舰队。

1942年12月，3艘巡洋舰、4艘驱逐舰和12艘潜艇，开始在马耳他岛驻泊。除了巡洋舰和驱逐舰外，在马耳他岛还派驻了近海舰艇区舰队，由炮艇、鱼雷艇和小型舰艇组成，使马耳他岛的防御力和战斗力大大加强。

同盟国凭借强大的经济实力和雄厚的资源，很快就恢复并壮大了实力。为了夺取地中海的制海权，同盟国向地中海地区增派海空军部队。

1942年季，同盟国从根本上扭转了地中海的战略形势，掌握了制海权。

在整个马耳他岛作战中，从马耳他岛出动的英国空军损失飞机近1000架，而击落的德意军飞机约1400架。

每当德意空军对马耳他岛的攻势加强时，北非战场形势就有利于德意部队。反之，战场形势则对英军有利。

第三章

东印度群岛之战

日军的奇袭

各国部队接受双重领导，无法统一指挥。

荷属东印度群岛位于亚洲大陆、澳洲大陆、太平洋和印度洋之间，由爪哇、苏门答腊、婆罗洲等 3000 多个岛屿组成，拥有丰富的石油、橡胶、锡、生铁、煤等资源。

日本军部对荷属东印度群岛的攻岛计划是，以马来亚半岛、菲律宾群岛为跳板，从两侧进行包围，先攻占外围岛屿和石油资源，歼灭盟军的海空兵力，再攻占东印度群岛地区的政治、经济和文化中心爪哇岛。

日本军部对东印度群岛之战进行了充分的准备，在盟军破坏以前完整地攻占石油资源的生产和储备设施是此次攻岛之战的关键，这样才能够短期内恢复石油生产。

在战术上，日军采用奇袭战术。参加攻岛之战的兵力为今村均中将指挥的日陆军第 16 集团军，下辖第 2 师、第 38 师和第 48 师和坂口静夫混成旅。海军有第 3 舰队、第 11 航空队，陆军有第 3 飞行集团，共 10 万人，飞机 430 架。参加东印度群岛之战的还有马来部队。

日军攻打荷属东印度群岛分成三个阶段。第一阶段是占领爪哇的外围岛屿，夺取制空权，占领资源地区，构成对爪哇的战略包围。第二阶段是爪哇海战。第三阶段是攻占爪哇岛。

东印度群岛是澳大利亚的天然屏障，澳大利亚没有设防，它的军队都在欧洲帮助盟国作战。

美英荷澳部队分散驻守在东印度群岛的广阔地区，为了有效防御，盟军拼凑了一支美英荷澳联军。1942 年 1 月 10 日，英国人阿奇巴尔德 · 韦

日军登陆荷属东印度群岛

维尔将军到达爪哇，指挥联军。

联军的指挥体系庞大、混乱，他们驻守在广阔的东印度群岛上。美英军的官兵多数是从菲律宾群岛和马来西亚半岛败退的。荷兰部队的士兵多数是当地人，与荷兰殖民者有很深的矛盾。各国部队接受双重领导，无法统一指挥。

联军的海军力量比较强大，拥有 11 艘巡洋舰、27 艘驱逐舰和 40 艘潜艇，这就是联军的全部家当了。

但是，使荷兰人失望的是只有一个荷兰军官参加联合司令部。东印度群岛可是太平洋战区最富饶和最重要的战略要地。

赫尔弗里希作为荷属东印度群岛的荷兰皇家海军司令，最熟悉东印度群岛，却被迫在办公室里闲着，无法与联军司令部取得联系，因为从来没有人征询他的意见。

东印度群岛的盟国陆军有9.2万人，包括东印度军7.5万人，舰只146艘，300架飞机。

包围爪哇岛

日军从东西北三个方向对爪哇形成了包围。

1941年12月16日，日军攻占婆罗洲北部的米里和斯里亚，25日攻占古晋。

从1942年1月10日起，扎拉根的联军就开始破坏油井、港口设施和航空基地。1月11日，日军进攻扎拉根，双方发生了激战，联军伤亡惨重。1月12日7时30分，扎拉根的指挥官宣布投降。电话线被切断了，投降的通知没有传到岸炮连。岸炮连击沉了两艘日军扫雷艇，事后岸炮连的所有人员被处死了。

从1942年1月11日至2月20日，日军依次占领了扎拉根、巴厘巴板、马辰、苏拉威西岛、根达里、安汶岛、帝汶岛。这时，联军失去了后方。

2月14至15日，日军伞兵部队在巨港着陆。同时，日军约1万人在巨港登陆成功。2月15日，日军占领巨港，联军炸毁炼油设施后退守爪哇岛。2月19日，日军派出舰载机200架，轰炸澳大利亚的达尔文港，炸沉11艘舰艇，击毁23架飞机。西路日军第38师一部的任务是攻占苏门答腊岛上重要石油资源地港。

这时，日军从东西北三个方向对爪哇形成了包围。

在第一阶段的作战中，盟军的兵力过于分散，飞机损失较重，接连失利。2 月 25 日，韦维尔将军被迫下令撤销盟军司令部，爪哇岛的防御由荷兰人指挥。

激战爪哇海

爪哇海战，仅仅使联合舰队进攻爪哇推迟了一天的时间。

1942 年 2 月下旬，美英荷澳的太平洋舰队多次进攻日军的登陆运输舰队。

2 月 23 日，日军第 48 师分乘 48 艘运输船，在第 4 水雷战队、第 2 和第 9 驱逐舰战队的护送下，由巴厘巴板港启航，驶向泗水。

27 日，杜尔曼率领联军舰队主力离开泗水，驶向爪哇海。

弗里德里克・杜尔曼于 1889 年 4 月 23 日出生在荷兰的乌得勒支城。从 1938 年 8 月 17 日到 1940 年 5 月 16 日，杜尔曼在东印度群岛担任荷兰皇家海军航空兵指挥官。后来，杜尔曼出任联军舰队总指挥。

1942 年 2 月 27 日当天夜间，联军舰队从马都拉北海岸驶往萨普迪海峡一带，然后回到图班，没有找到日登陆舰队。有的人指出，联合舰队还可以再向北寻找，这样能够靠近日登陆舰队。

杜尔曼指出，日军或许实施夜间登陆，若向北航行，很有可能错过日运输舰队。

赫尔弗里希将军命令驻玛琅的美空军出动解放者式轰炸机对联合舰队提供援助。可是，联合空军司令部却命令美国飞机撤离玛琅。

同一天，赫尔弗里希将军在日运输舰队的航线上部署了潜艇。但赫尔弗里希无法指挥这些美国潜艇，其中一艘曾向在马威安登陆的日军开炮。

下午 14 时 27 分，杜尔曼得到侦察机的报告：在马威安附近发现了日运输舰队。杜尔曼连忙率领舰艇向日舰队冲去。

杜尔曼的联合舰队由 5 艘巡洋舰和 9 艘驱逐舰组成。这支日运输舰队由海军少将高木指挥拥有 4 艘巡洋舰和 14 艘驱逐舰。

日军占有明显的优势，杜尔曼的通讯能力很差，无权指挥飞机进行侦察，日军则不断地出动飞机进行侦察。

杜尔曼的海军舰员都十分疲惫，但士气高昂。

日军拥有一种新武器——93 型鱼雷，航程很远，而且航迹很小。

双方进行了一个小时远距离的炮战。双方的炮击都不准，无法命中对方，日舰动用了穿甲弹，重创联军的巡洋舰“埃克塞特”号。杜尔曼将军

英国“埃克塞特”号重巡洋舰，在爪哇海战中被日军击伤

为了保护“埃克塞特”号，指挥舰队撤退。日本驱逐舰紧追不舍，发射鱼雷击沉了一艘联军的驱逐舰“科顿纳尔”号。

联军舰队撤出了战斗，杜尔曼派大部分驱逐舰返航加油。杜尔曼率4艘巡洋舰和1艘驱逐舰继续寻找日舰队。

晚上10时30分，杜尔曼的舰队找到日舰队。日舰队在距联军舰队7315米处发射鱼雷，击沉了两艘巡洋舰。杜尔曼将军葬身大海。

联军的巡洋舰“休斯敦”号和“珀斯”号都逃跑了，第二天晚上，日舰队追上这两艘巡洋舰。“休斯敦”号和“珀斯”号与日舰队进行了长时间的激战，后来它们打光了弹药。只好向敌舰撞去，撞沉和撞坏6艘日舰。日舰队击沉了“休斯敦”号和“珀斯”号。

爪哇海战结束了，联合舰队只坚持了一天的时间。

日军攻陷雅加达

按照武士道传统，病人和伤员是“被毁坏的商品”。

日军对爪哇岛发动了大规模的连续轰炸。

3月1日，日军在爪哇岛的东部和西部登陆，几乎未遇到有力的抵抗。日军切断了爪哇北部的铁路线，同时包抄了东印度群岛的海军基地泗水港。

日军占领了岛外所有的机场，爪哇首府雅加达、联军总司令部所在地万隆和海军基地泗水港都被日军孤立。

3月5日，雅加达沦陷。7日，万隆沦陷。8日，日军占领泗水港。3月9日，荷属东印度群岛代总督逃往澳大利亚，联军向日军投降。

在爪哇战役中，日军俘虏了联军8万多人，缴获177架飞机，日军损失1.2万人。

由于联军的投降，日本人在太平洋解决掉了另一个绊脚石。当发现大量的油田被放火焚烧了，日军被激怒了，在荷属婆罗洲的巴厘巴板，所有的白人都被流放；有一些人被扔进大海或者枪决了。白人的妻子和女儿被带走，接着是反复的强奸……

日军是按照他们悠久的武士道传统来处置俘虏的。这在日本是根深蒂固的传统。按照武士道传统，病人和伤员是“被毁坏的商品”——这些人完全不再需要了，可以牺牲掉。

必要时，日军官兵必须以自杀来代替投降，否则在国人和家人眼中就是永久的耻辱。

日军面对的是同他们完全不同的宗教信条的盟军战俘，这些战俘们把自己当做活人来对待，根据《日内瓦公约》，这是一项权利。但实际上，盟军战俘们完全生活在耻辱中，因而他们每个人都成为可以虐待和屠杀的对象。

不放过任何一个小岛

日军第38师从深圳进攻九龙半岛。

在太平洋战争初期，日军发挥海空优势，盟军处于被动挨打的境地，节节败退。自1941年12月8日至1942年4月底，日军仅以1.5万人的代价，击溃了美国、英国、荷兰和澳大利亚在远东地区的30多万军队，依次吞并了泰国、马来亚、新加坡、缅甸、菲律宾、荷属东印度群岛，日军连香港等一些小岛都不放过，扩张386万平方公里，日占区1.5亿人陷入水深火热之中。日军夺取了丰富的战略资源，完成了战争初期的任务。

香港是英国在远东地区的重要海、空军基地，战略地位重要，是英军进入中国的前沿基地。

1938 年 10 月，日军攻克广州后，香港变成了孤岛。1940 年法国投降后，在香港的英军感到更加不安。太平洋战争一触即发，1941 年 10 月，英国连忙派两个加拿大营增援香港。

香港的陆军兵力增加到 1 万人，还有海空军。在日军进攻以前，香港英军以为日军将从海上进攻，把防御重点放在海面。

日军为了攻占香港，调集了第 23 集团军所属第 38 师、第 51 师第 66 团和第 1 炮兵队，陆军航空兵一部和第 2 舰队。

1941 年 12 月 8 日凌晨，日军航空兵攻击香港的启德机场，日海军在海上封锁香港岛。日军第 38 师从深圳进攻九龙半岛。

12 日，日军在英军防线上打开了缺口。12 月 14 日，英军退回香港岛。12 月 18 日晚，日军兵分 3 路攻占香港岛的东北部，切断香港的水源。12 月 25 日，英军被迫投降。

日军庆祝占领荷属东印度

关岛是美国在马里亚纳群岛的重要基地。1941 年 12 月 10 日凌晨，在日海军第 4 舰队航空兵的支援下，日军兵分 3 路在关岛登陆，当天下午占领关岛。500 名美军缴械投降。

威克岛是美国在中太平洋的海空基地。在威克岛的美军有 450 人，1000 多名工程人员，拥有 18 门火炮，12 架战斗机。

1941 年 12 月 8 日，36 架日轰炸机轰炸威克岛，击毁 7 架美机。12 月 10 日，日第 4 舰队的一支分舰队搭载海军陆战队扑向威克岛。美军炮兵和 4 架战斗机猛烈地攻击日舰队。日军驱逐舰被击沉 2 艘，被击伤 2 艘，巡洋舰被击伤 2 艘，日舰队连忙撤退。

12 月 23 日，日舰队得到 2 艘航空母舰和 3 艘重巡洋舰的增援后，再次登陆，占领了威克岛。

日本在战争初期获胜的主要原因是：日海军偷袭了美海军基地珍珠港，使美太平洋舰队受到重创，从而在太平洋地区夺取了海空优势。日本海陆军在山本五十六的战略指挥下，不间断地发起闪电战，实现了战争的初期目标。

而盟军节节败退的原因是：盟军实力虽然庞大，但内部并不团结，战略判断多次出现重大失误；盟军指挥官们瞧不起日军，没有组织有效的防御；遭到惨败后，盟军部队丧失了战斗的意志，害怕日军。

盟军失败的重要原因是盟国长期奴役东南亚人民，东南亚人民仇视殖民政府；盟军的部队主要由当地人组成，装备落后，训练不足，厌战和失败主义情绪蔓延。

结果，在日军的进攻下，西南太平洋地区的一些岛屿纷纷沦陷。

第四章

瓜岛之战

“瞭望台”计划

所罗门群岛是一架通向日本的梯子，而瓜岛是梯子的第一级。

达尔卡纳岛，简称瓜岛东西长150公里，南北宽40公里，是所罗门群岛中的最大岛屿。瓜岛是美国的属地，但被日军占领。瓜岛是澳大利亚的门户，靠近日本，地理位置很重要。

太平洋战争期间，日美两国军队于1942年8月–1943年2月在瓜岛进行了岛屿争夺战。

1942年6月，日军在中途岛战场遭受了第二次世界大战开战以来的第一次惨败，骄横无比的日军领教了美海军的厉害。

中途岛的惨败使日军骄傲的头脑变得清醒，日军修改了原先制定的太平洋战场作战的方案。经过珊瑚海、中途岛海战后，日军的舰载飞机损耗达到400多架，而且很难得到补充。日军的航空母舰没有陆基航空兵的护航不敢出动。岸基航空兵只能在距离基地300海里范围内作战。与日军航空兵得不到有效补充的情况相反，盟国军队的兵力却越来越多。

1942年7月11日，日军军部下达重要的作战命令，要求马上停止切断美国与澳大利亚交通线的“FS”作战。

新的作战方针从以战略进攻为主，逐渐转向持久战和巩固日军在太平洋地区的防御圈。

日军统帅部制定了作战方案：从新几内亚岛北部海滩登陆，翻过欧文斯坦利山，进攻莫尔兹比港。

为了支援进攻部队的翼侧，日军决定在瓜岛建立一个机场，作为轰炸机的基地。

日军认为，有了轰炸机机场，轰炸机就能够轰炸西南太平洋的大部分地区，为海军作战提供空中支援，并能破坏美国至澳大利亚的海上交通线。

为此，日军统帅部给驻扎在西南太平洋地区的日本陆军和海军下达了两个任务：陆军第 17 集团军发动从陆地进攻莫尔兹比的战斗，海军舰艇部队和岸基航空兵负责运输、护航和空中掩护；海军和岸基航空兵在俾斯麦群岛、新几内亚东部和所罗门群岛等地，修建一系列岸基航空基地。最重要的工作是瓜岛轰炸机机场的修建。

1942 年 6 月，阵阵的海潮喧嚣翻涌，掀起巨大的海浪。夏威夷地区珍珠港，教堂的钟声悠远，在雾气笼罩的港口上空回响，为饱经战火的海空军基地带来几分祥和的气氛。

中途岛海战所带来的喜悦与激情早已消退了。美军官兵的心中都很清楚，中途岛海战仅仅是太平洋战争中一次局部战斗，无法歼灭日军，等待美军的将是更艰难的险阻和更加残酷的战争。

太平洋舰队司令切斯特·尼米兹头脑冷静，没有为一时的胜利而骄傲自满。尼米兹相信马歇尔对罗斯福总统所讲的一句话：中途岛海战是伟大的胜利，但只是侥幸而已。

日军仍然在西南太平洋上横冲直撞，日军在几个月内攻占了新加坡、马来西亚、苏门答腊和苏拉威西、俾斯麦群岛，使澳大利亚的达尔文港受到重创。

因为美军在中途岛海战中获胜，战略的主动权已经掌握在美军手中，美军应该利用这个良机，由防御变为进攻——这是尼米兹急需思考的问题，他希望制定一个明确的作战方案，并立即付诸于未来的战斗。

战争的间隙为尼米兹制定作战方案提供了充足的时间。尼米兹认为最重要的是，应对一切可能性进行探索，使任何可供选择的方案成为制定方案时的依据。

在策划的过程中，尼米兹认为最好的方法并不是遵循上级的指导，而是积极地听取下级的意见，从许多战斗在第一线的官兵，也就是飞行员、掷弹人员和航空母舰的水兵那里得到启发。

尼米兹体察下情的作风深受官兵们的欢迎。尼米兹的幽默机智的谈吐经常让部属们心悦诚服。

一次，尼米兹正在夏威夷地区的海滩上进行10英里步行训练。一位水兵把自己埋在海沙里，尼米兹一不小心踩到了他。

水兵骂了一句，当他发现面前的人竟是尼米兹时，连忙解释说："将军！我没认出是您。"

尼米兹忙说："真对不起，我以为沙滩不平呢。"

很多此类的小事使尼米兹赢得了好人缘，使他更容易得到需要了解的事情。

对于顶头上司美国海军五星上将欧内斯特·金上将，尼米兹的态度十分恭敬，但两人的关系并不像尼米兹和下级那样亲密。

每次遇到重大难题，尼米兹都会赴旧金山向金上将请教，另外，尼米兹还定期向金上将汇报自己的工作。这样，多次促成尼米兹与家人的团聚。尼米兹夫人为了能够见到他，特意把家搬到了美国西海岸。

6月30日，凯瑟琳正在机场上等待尼米兹的到来，这次出现了军人的妻子容易遇到的那些灾难。

原来，尼米兹搭乘的水陆两用飞机在旧金山湾迫降时，与一根浮木相撞，机头朝上窜起，飞机在水上蹦蹦跳跳，机身裂开了一个大洞。

当时，尼米兹和参谋们正在玩纸牌，没有系安全带。因为飞机的激烈振动，他们都受到撞击。尼米兹和副官默塞尔幸亏背朝机首所以只受了轻伤。

飞机涌进海水，舱内的人们打开货舱门，爬到机翼上。默塞尔询问尼米兹的伤情，尼米兹说："噢，上帝保佑，文件夹没有丢。"

医护人员搭乘救生艇赶到事故现场，抢救工作量很大。除了尼米兹和

切斯特·威廉·尼米兹

默塞尔以外，其他人员都伤势不轻，一位飞行员死亡。

尼米兹看到随行人员的伤势较重，便与同机的人穿着浸湿的衣服站在机翼上，冻得发抖。护士要求尼米兹上船，但他决定在伤员安全离开以后再走。

心急如焚的凯瑟琳看到丈夫安全归来，与尼米兹紧紧地拥抱在一起。尼米兹和凯瑟琳已经 6 个月没有见面了，像很多亲密夫妻一样，相互间要说的话太多了，温馨的交谈使尼米兹暂时忘了疼痛。

伤势好转后，尼米兹便与夫人一起到马雷岛海军医院探望随行人员。

7 月 3 日下午，金上将从华盛顿飞抵旧金山。7 月 4 日，两天的会议正式开始。会议结束后，尼米兹向凯瑟琳告别，飞回珍珠港。

尼米兹长期置身于一场让他痛苦的争斗之中，他不仅与日军斗，还要为争夺各军种间的利益和任务进行斗争。

为了进行反攻，中途岛海战结束后，尼米兹把目光投向西南太平洋上一个奇怪的小岛——瓜岛。

瓜岛离日本比较近。所罗门群岛是一架通向日本的梯子，而瓜岛是梯子的第一级。

日本海军在南云忠一舰队突然遭到美军的毁灭性打击后，把主力舰队撤到南太平洋地区。图拉吉岛和瓜岛成了美日双方下一步争夺的焦点。

尼米兹认为，美军占领瓜岛后，就能逐级登梯直达日本。这是最终进攻日本本土的军事计划的重要一步。

麦克阿瑟反对尼米兹进攻图拉吉岛和进攻瓜岛的计划，他说这个方案太冒险了。可麦克阿瑟却提出了更冒险的计划。

麦克阿瑟要求马上进攻拉包尔，说若海军用航空母舰和海军陆战队第1师帮助他，他就能够偷袭新不列颠岛，占领拉包尔和俾斯麦群岛，使日军向北撤退700海里，退守特鲁克岛。

尼米兹对此坚决反对。尼米兹认为实施麦克阿瑟的作战方案，要由航空母舰承担主要任务。在所罗门海域中只有两艘航空母舰，麦克阿瑟要把航空母舰当做“牺牲品”。

金上将也认为把航空母舰和太平洋地区仅有的一支海军陆战队派到日军空中火力密集的地区等于自投罗网。金上将主张攻占所罗门群岛，把瓜岛上的机场修复，用轰炸机和战斗机支援攻打拉包尔的进攻部队。

金上将还指出，参战部队来自太平洋舰队，指挥权应归尼米兹。麦克阿瑟立即提出了反对意见：所罗门群岛地处西南太平洋海区，在西南太平洋作战的部队应归他指挥。麦克阿瑟得到了参谋长联席会议主席马歇尔的支持。

金上将说，在欧洲作战的部队主要是陆军，由陆军负责最高指挥是正确的。而将要开始的所罗门群岛战役的作战部队是海军和海军陆战队，由海军负责最高指挥是正确的。

麦克阿瑟在给马歇尔发送的一份电报中提出，尼米兹想把陆军降到次要地位，“主要是想把陆军放在海军和海军陆战队的指挥下”。

尼米兹对兵种之间的相互争斗非常厌烦，对于麦克阿瑟的好大喜功心存不满。为了大局，尼米兹从来没有在公共场合表露不满，对麦克阿瑟总是礼让三分。

但涉及对日作战方案和指挥权的原则问题，尼米兹向金上将表示，如果得不到西南太平洋战区陆军的支援，也应发动对图拉吉岛的攻势。

这件事在美军军界中闹得很大，如果不及时平息，很可能影响太平洋战争的胜负。

马歇尔、麦克阿瑟和金上将、尼米兹召开了紧急会议，通过讨价还价，双方达成关于进攻所罗门群岛的方案。这个方案接受了海军的建议，但同时照顾了麦克阿瑟的陆军。

方案指出，第一阶段是攻下圣克旬斯群岛、图拉吉岛及其附近岛屿，由尼米兹将军指挥。随着巴布亚半岛的萨拉莫阿和莱城进军的开始，同时开始第二阶段，由麦克阿瑟指挥。接着，盟军在两条战线上向拉包尔发动夹攻。这就是“瞭望台”计划。

尼米兹挥师登瓜岛

瓜岛登陆战很成功，是在日军几乎没有阻击的情况下获得的，若日军早有准备，美军肯定遭受重创。

在参谋长联席会议下达命令以前，尼米兹开始制定“瞭望台”战役的具体计划，于7月的第一个星期大体完成。海军中将戈姆利在南太平洋地区负责战略指挥。

亚历山大·范德格里夫特少将是负责登陆任务的海军陆战第1师师长。范德格里夫特曾经在尼加拉瓜指挥过“丛林”” 作战，对丛林作战经验丰富。

在一个月的时间内，既要集结足够的部队、制定详细的作战计划，还要完成两栖作战的训练和战前演习，日程安排太紧张了。当时，盟军将发动“火炬”行动，再向太平洋战区增派部队或者舰船的可能性很小。

麦克阿瑟的3个陆军师正在保卫澳大利亚，无法参战。尼米兹若想加强海军陆战师，只能从南太平洋各岛屿的守军中抽出兵力。

1942年7月，南太平洋美军的基本兵力为两个编队，一是第61远征特混编队，司令是弗莱彻；二是第62南太平洋两栖编队，司令是特纳。还有一支岸基航空编队。

为进行瓜岛战役，南太平洋部队得到增援。登陆突击部队海军第1陆战师近2万人由新西兰和圣迭戈赶来增援，由范德格里夫特担任师长。

弗莱彻中将率领航空母舰编队，负责整个登陆舰队的战术指挥。特纳海军少将指挥两栖作战部队，麦凯恩海军少将指挥岸基航空兵编队。他们拥有3艘航空母舰在内的88艘舰只和298架岸基飞机。另外，麦克阿瑟管辖的航空兵和潜艇部队也会给予支援。

日军在西南太平洋地区的兵力为陆军第17集团军，共13个营，司令是百武晴吉中将。日海军第8舰队驻拉包尔，司令是三川军一海军中将，拥有7艘巡洋舰，若干驱逐舰和潜艇。在瓜岛的日军拥有1个营的兵力，还有施工人员2700人。

1942年7月31日，特纳率领南太平洋登陆舰队，运载美海军第1陆战师1.6万人，在弗莱彻的航空母舰编队的护航下，由斐济岛出征，向瓜岛进军。

8月7日凌晨1时，美登陆编队驶入距离瓜岛10海里的海域，兵分两路。代号“X射线”的美军由师长范德格里夫特率领，下辖第1、第5

陆战团，途经萨沃岛南水道攻打瓜岛。

其他代号“Y射线”的美军是由副师长鲁普斯塔斯率领，下辖4个营，途经萨沃岛北水道攻打图拉吉岛。留下两个营作为机动部队。

6时许，支援编队的军舰不断炮击瓜岛的日军阵地，接着，从航空母舰起飞的舰载机到达瓜岛上空，发动不断的轰炸和疯狂扫射。

在舰炮和航空母舰的火力支援下，登陆部队于9时40分开始登陆，第5陆战团团长亨特第一个冲上了滩头，部下随后向上冲，迅速扩大了滩头阵地，向纵深猛冲。

接着，后续部队相继上岸。因为日军的情报机关不知道美军会登陆，岛上的日军没有任何准备。岛上的日军多数是修建机场的朝鲜工人，没有武器，少数看管工人的日军发现美军大举入侵，连忙逃进丛林，美军趁机占领了阵地，日落时有1.1万多人成功登陆。

由于没有瓜岛地图，美军上岸后始终在丛林里缓慢前进，第二天一早来到了机场，日军连忙逃进丛林，美军未发一枪占领了机场。机场跑道已经有80%完工了，塔台和发电厂已经完成。

美军缴获了粮食、建筑设备、建筑材料，还有几百箱日本啤酒和一个冷冻加工厂。

瓜岛登陆战很成功，是在日军几乎没有阻击的情况下获得的，若日军早有准备，美军肯定遭受重创。

日军很快就组织反攻。54架日机从拉包尔起飞，包括27架陆上攻击机、9架舰载俯冲轰炸机和18架战斗机，其中2架战斗机的飞行员，是王牌飞行员——酒井三郎和西泽广美。9架舰载轰炸机，载油量很少，无法返回基地，这是一次自杀性的攻击行动。

拉包尔和瓜岛间距离560海里，在战前，日军为了使陆基攻击机具有更大的续航力，把油箱装甲设计得非常薄，结果受到轻微攻击就会爆炸。

快到瓜岛上空时，日战斗机分为两队，分别支援陆基攻击机和舰载俯冲轰炸机。日军机群还未靠近，瓜岛机场和航空母舰上的美军战斗机就发现了日军机群，它们立即编好队形，向日机冲去。

美军战斗机机体粗短而笨重、速度慢、机动性差，但火力特别强，在每架战斗机上装有3挺航空机枪。每当航空机枪射击时，经常使日军飞机防不胜防。日军战斗机装备是7.7毫米机枪，火力不如美军战斗机，但其速度快、机动性强，因此在空战中具有很大的优势。

西泽广义分队的9架战斗机，向瓜岛上空警戒的美军战斗机扑去。西泽加大马力第一个飞上前去，立即与一架美机战在一起。西泽突然抬高机头，躲开了美机的强大火力，连忙一压机头，在400米的近空按动炮钮，美机变成火球，坠落大海。

首战告捷，日军飞行员士气旺盛，发起了冲锋，与美机展开混战。很快，机关炮和机关枪的射击声，飞机被击中的爆炸声，混在一起。

有的飞机被击中后爆炸，碎片纷纷飞扬；有的飞机后半截被击掉，前半截在空中画着弧线似流星般坠落；有的飞机中弹后拖着烟火向海面扎去……

在几分钟的空战中，西泽广义立了大功。每次，他只在绝对有把握的情况下开炮，他一人击毁了5架美军战斗机，座机却没有受伤。

同时，酒井三郎率领9架战斗机迎战6架美军战斗机，美军战斗机不是日军战斗机的对手，都被击落了。

日机在返航的途中，遭到亨德森机场的美军战斗机的拦截，混战中有几架日机被击毁。日军战斗机面临被美军战斗机蚕食的危险。

突然，酒井单机直闯美机群，第一炮就击中一架美机。其他日机赶来相助，打得美机群无力招架，仓皇逃跑。在这次空战中，酒井又击落了3架美军战斗机。

此时，酒井率领9架日机对四散而逃的美机紧追不舍。忽然，酒井看到在正前方有8架美机。他们立即爬高转弯准备从后边发动偷袭，直

“零”式战斗机机群

到进入有效射程开火时，才发现原来是美军新式的格鲁曼复仇者式鱼雷轰炸机。

复仇者的尾部装有双管 12.7 毫米机枪，这时，8 架复仇者式飞机至少有 10 管机枪瞄准了日机。

酒井连忙按下机头躲避，美机开火了，几条火舌朝酒井的座机射来。“砰！砰！”两声巨响，飞机的挡风玻璃被两发大口径机枪子弹击穿，玻璃被击烂。

酒井驾驶受到重创的战斗机，回到了拉包尔机场。

与此同时，日军 9 架舰载俯冲轰炸机轰炸了美国舰队，“马格福特”号驱逐舰遭受重创，9 架日机有 6 架被击毁，3 架因燃油耗光而坠毁。

另有 9 架零式战斗机，为陆基轰炸机护航，轰炸了美军舰和运输舰，美军 1 艘驱逐舰和 1 艘运输船受了轻伤。

8 月 9 日，在日军战斗机的掩护下，32 架挂有鱼雷的陆基轰炸机又扑来了。在舰载高射炮的火力封锁下，共有 18 架日军飞机被击落。

但日军飞机仍然顽强地作战，1 架陆基轰炸机突破舰载高射炮群的火力网，飞向“贾维斯”号驱逐舰，鱼雷击中了舰首，使“贾维斯”号爆炸，沉入太平洋。

在空战中，西泽驾驶战斗机，不断地上下翻飞，跟海燕一样在美军机群中不断躲闪。只要绝对有把握，就射出一串炮弹。突然，1 架美军战斗机迎面飞来，西泽瞄准目标按下了按钮，炮弹竟没有射出去。

很快，美军战斗机喷出了火舌，西泽的座机在一阵弹雨中剧烈地振动着。西泽连忙调转机头，但右腿却不听使唤，因为右腿早已被密集的大口径机枪子弹穿透。

在此危急关头，西泽忽然驾驶冒出浓烟并且快要爆炸的战机，朝一艘重型巡洋舰的炮塔扑去。重型巡洋舰上的美军官兵们被日机这种不要命的自杀行动吓坏了，突然舰上枪炮齐射。“轰”地一声，西泽的座机就像重磅炸弹一样撞到重巡洋舰上。战舰变成了火场，几百名美军舰员随舰沉没了。

第一次所罗门海战

三川决心用己之长攻美军之短，发动夜袭。

日本的百武陆军中将没有认识到盟军登陆瓜岛的重要性，认为只不过是盟军对新几内亚主攻的牵制，主张不进行反攻。而三川军一海军中将认为这是一次重要的两栖登陆，应该进行反击。

山本五十六采纳了三川的主张，命令三川率舰队进行反攻，以夺回瓜岛。

在图拉吉登陆的美军并不像瓜岛登陆那样顺利，他们与日军发生了激烈的战斗。

图拉吉岛是天然的避风海港，图拉吉岛的东侧有两个小岛：加武图岛和塔那姆勃戈岛，它们是图拉吉岛的屏障。

这两个小岛上原来建有水上飞机机场，日军攻占后进行了扩建，准备建成能够监视所罗门海域的水上飞机机场。

前来进攻的美军过高地估计了图拉吉岛日军的兵力，进行了猛烈的炮火准备，日军连忙躲到掩体里。美军在猛烈的炮击后纷纷登上图拉吉岛，但向纵深进攻不久就遭遇了日军的有效阻击。

在两个小岛上，美军低估了日军的兵力，因为两个小岛太小，日军被迫在海滩前沿抵抗，由于美军的炮火准备无法摧毁日军建在山崖上的火力点，美军登陆艇由 10 公里外开始进攻，日军趁机进入前沿工事。

美军士兵刚上岸时，日军一阵齐射，美军指挥官受到重伤，士兵倒地一大片，被密集的火力压在海滩上抬不起头来。双方的距离太近了，美军无法派舰炮火力掩护。几个小时后，美军陆战队把 81 毫米迫击炮运上岸炮击日军工事，并派来飞机提供空中火力掩护，这才得以向纵深进攻。

日军依靠在山洞中的工事拼死抵抗，美军的爆破小组从日军火力的死角冲到了山顶，把炸药和手雷扔到山洞里，这才把日军歼灭。

图拉吉战斗十分惨烈，为了早一点歼灭日军，范德格里夫特把预备队都派上战场。黄昏，日军退到了山谷。夜里，美军发动了 4 次攻势，把大部分日军消灭了。

1942 年 8 月 8 日黄昏，美军终于全歼了日军，占领了图拉吉岛。在长达两天的激战中，日军有 23 名重伤者被俘，剩下的全都战死，这真正让美军领教了日军的顽强。此次战斗，美军死亡 100 人。

图拉吉岛的日军被美军歼灭以前，曾向拉包尔的日军发出求助电报，因此日军知道了美军的登陆行动，陆军第 17 集团军百武司令认为这不是美军的大反攻，肯定是骚扰性质的偷袭，很容易把图拉吉岛的美军打退。若瓜岛的机场被美军占领的话，那对南太平洋地区的日军太不利了，百武决定组织兵力早日夺回瓜岛。可是，百武不想抽调攻打莫尔兹比港的部队。

日军第8舰队司令三川军一中将只好从驻拉包尔的海军陆战队中抽调519人乘坐“明洋”号运输船和“宗谷”号供应舰，在1艘巡洋舰、1艘扫雷舰、1艘猎潜艇的护航下，攻打瓜岛。

8日，三川根据侦察机的报告，得知美军在瓜岛海域实力强大，连忙下令进攻编队返航。在返回途中，“明洋”号被美军潜艇击沉，船上的373名海军陆战队员全部淹死。

三川军一中将认为瓜岛美军对日军十分不利，决心早日组织反攻。

这时，第8舰队的军舰由于执行各种任务而变得分散，三川调来了5艘重巡洋舰、2艘轻巡洋舰、1艘驱逐舰。

8月7日晚，日军第8舰队由拉包尔启航，向南进军。

日军在白天不敢南下，因为无法躲开美军的空军侦察。

当晚，日海军第8舰队刚刚启航，美军潜艇报告了上级。由于日军舰队距离瓜岛500多海里，因此没有引起美军的充分关注。

8月8日8时，一架澳军的侦察机突然发现了日军第8舰队，澳军飞行员出于无线电静默的顾虑，没有向总部发送无线电报告。

下午，这架澳军侦察机飞回基地。飞行员吃过饭后向总部报告，结果耽误了6个小时，使美军无法及时派遣侦察机核实。而且，飞行员还把第8舰队的编成误报成2艘水上飞机母舰、3艘巡洋舰、3艘驱逐舰。

登陆编队司令特纳认为这样的日军舰队不敢前来海战，很可能是在某处港湾建立水上飞机基地，以弥补失守的图拉吉岛的水上飞机基地。

同时，美军最可靠的情报来源，密码破译小组因为日军刚刚使用新密码，需要时间破译密码。日军第8舰队在航行时采取了无线电静默，因此无法截获准确的情报。

特纳知道登陆编队是日军进攻的主要目标，从拉包尔至瓜岛的必由航道是所罗门群岛两串岛屿间的狭窄水道。

8月8日，特纳派2架侦察机顺着水道侦察。由于天气恶劣，飞行员没有飞完全程就回到基地了，飞行员将这一情况隐瞒了。所以，特纳以为日舰队没有进入所罗门群岛海域。

三川是智力非凡的将军，为了能够了解美军的情况。8日4时，三川要求5艘重巡洋舰各放飞1架舰载侦察机，侦察瓜岛的美军情况，掌握了美军舰队的实力和部分部署。

当时，三川得知美军在瓜岛海域拥有多艘航空母舰，控制着制空权，并在兵力占有绝对优势。

三川决心用己之长攻美军之短，发动夜袭。下午4时，三川再派两架侦察机进行侦察，以进一步了解情况。

到达瓜岛与图拉吉岛之间的海域后，三川又派出两架侦察机侦察美舰的停泊地点。因为三川进行了三次侦察，对美军的情况已经了如指掌。

三川计划从萨沃岛以南秘密驶入铁底湾，先歼灭美军的巡洋舰，再歼灭运输船，最后由萨沃岛向北撤退。很快，三川的旗舰“鸟海”号重巡洋舰用灯光信号把作战计划下达给各舰。

下午6时，三川命令日舰把甲板上的易燃物都扔入大海，对弹药进行最后的整理并做好战斗准备。

晚10时35分，在夜幕的掩护下，以日舰“鸟海”号为首的单纵列舰队组织了攻击队形，以桅杆上的白色旗帜为令，航速高达29节，冲向瓜岛海域。

三川在旗舰“鸟海”号上，正在研究侦察机送来的3份美军情况的报告。这三份情报分别是：一艘美军运输船，被日机攻击起火，火势很大；在图吉拉岛和瓜岛附近，停泊着很多美军运输船；在美军登陆场西面有美军的巡洋舰队。

三川知道，前两份情报对第8舰队不构成威胁，而且知道美军运输船队的位置，便于舰队找到进攻目标。对美军的巡洋舰必须高度戒备。美军的巡洋舰是日本第8舰队的最大敌人。在击沉美军的运输船队以前，必须先击沉美军的巡洋舰。

很快，三川发出了战斗命令，要求舰队向美军的巡洋舰发动进攻。

另一方面，美军中负责海空支援的航母编队司令弗莱彻以舰载机损失严重和燃料不足为由，向上级请求撤退。黄昏时，没有获得批准，弗莱彻擅自率领航母舰队撤离了瓜岛海域。

航母舰队撤离后，特纳连忙召来掩护编队司令克拉奇利和范德格里夫特，召开紧急会议。特纳宣布因为没有了空中支援，他的舰只会在第二天撤退。这时，登陆部队的补给物资卸载量还不足1/4。

登陆部队司令范德格里夫特对此表示强烈不满，然而，特纳说他的舰队的处境太危险了，只能连夜尽量多卸一些补给物资。双方展开了激烈的争论，会议开了几小时后不欢而散。

日军第8舰队指挥官三川军一的旗舰“鸟海”号重巡洋舰

会议结束后，克拉奇利坐汽艇匆忙赶回旗舰。就在半路上，战斗开始了。美海军的兵力部署在三个巡逻区上：以瓜岛和图拉吉岛之间的萨沃岛来划分南巡逻区和北巡逻区，佛罗里达岛西侧子午线以东为东巡逻区。

南巡逻区由第 1 大队 3 艘巡洋舰、2 艘驱逐舰负责巡逻，北巡逻区由第 2 大队 3 艘巡洋舰、2 艘驱逐舰负责巡逻，东巡逻区由第 3 大队 2 艘巡洋舰、2 艘驱逐舰负责巡逻，另 2 艘驱逐舰在萨沃岛警戒，作为警戒哨。

三川的第 8 舰队所发现的美军巡洋舰，是由英国海军少将克拉奇利指挥的一支巡逻舰队，舰队共有 6 艘巡洋舰，两艘护航的驱逐舰，还有两艘装备了雷达的驱逐舰。克拉奇利的巡逻舰队任务是在“狭口”海峡的西面迎击日军。

当克拉奇利的巡逻舰队刚到达萨沃岛与瓜岛之间的海域时，三川立即下达攻击命令。几分钟内，克拉奇利的“堪培拉”号巡洋舰变成了浓烟滚滚的火船，“芝加哥”号巡洋舰的舰首被击毁。克拉奇利的巡洋舰“阿斯托里亚”号和“昆西”号也变成了火船，很快就沉没在“铁底湾”。

美巡洋舰“文森斯”号立即反攻，击中了日巡洋舰“衣笠”号，然而，“文森斯”号也被日舰队击沉。

短短半小时的海战，盟军共有 4 艘巡洋舰被击沉；盟军官兵死亡 1270 人，另外，盟军还有 1 艘巡洋舰和 1 艘驱逐舰受到重创。

这就是第一次所罗门海战。在战斗中，美舰队损失惨重。

当时，美军的运输补给船的绝大部分物资仍未卸完。日军重创了美军的巡逻舰队后，三川没有进攻美军的运输船队。

8 月 8 日夜的所罗门海战，使美军的海上掩护力量大大削弱，为了避免运输船队遭受日本舰队的打击，特纳命令运输船队立即撤退到新喀里多尼亚。

8 月 9 日，当美国海军陆战队士兵从亨德森机场空投到瓜岛海滩时，看见眼前是一片平静的海洋，战舰和补给船都不在了，他们知道："现在一切只能靠自己了，日军的增援部队很可能源源不断地开来，并且从陆上、海上和空中向陆战队发动立体攻势。"

为了对付即将来到的日军的攻势，范德格里夫特将军下令：将海滩上的所有补给品都运到岛内藏起来，防止日军的飞机和舰炮破坏补给品；在机场周围建立防御圈，继续修建跑道，迎接美军战斗机的到达；美国舰队已经撤退，日军会从海上发动登陆战，部队马上构筑工事，组织防御力量。坦克和炮队集中在防区的中央，对防御区附近任何前来进攻的日军发起粉碎性炮击。将 90 毫米高射炮布置在机场西北，在机场正北部署了 75 毫米半自行高炮。若有需要，能够立即进入海滩上的既设高炮阵地。

此时，躲在岛上密林深处的日军并没有放弃抵抗，日军对美军进行了疯狂的报复。

8 月 9 日至 12 日，三川率第 8 舰队向瓜岛的美军发起试探性进攻。三川先用飞机进行空中轰炸，重磅炸弹在灌木丛中纷纷爆炸，岛上冒起浓烟和燃起烈火。

第 8 舰队的巡洋舰和驱逐舰向瓜岛进行两次炮击，炮击后立即返航。岛上躲进密林的日军立即组织对登陆的美军反攻，因为美军早就有所准备，日军的反攻失败了。

日本统帅部听说美军在瓜岛登陆后，认为只有发动登陆战才能夺回瓜岛。

日陆军第 17 集团军军长百武奉命指挥登陆战，百武在拉包尔仔细推敲了瓜岛的形势。

百武以为瓜岛上的美军仅为 2000 人，但实际上却有 7000 人。百武认为只需 6000 人就能够夺回瓜岛。可是，百武能够动用的兵力不足 1000 人，他只能派这些部队去完成艰难的登陆任务。

为了登陆作战的胜利，百武决心选派最优秀的指挥官肩负这一重任。

登陆后的美国士兵正从登陆艇上卸下给养

百武选择了一木清直大佐。

一木大佐发动的进攻失败，被迫收集残部，退入密林躲避美轰炸机的轰炸。

范德格里夫特将军的心情十分沉重，他知道躲在对岸的日军都是亡命之徒。日军在进攻失败后，绝不会甘心。如果不把日军歼灭掉，瓜岛永远不能安宁，很可能给美军造成重大伤亡。

范德格里夫特决定彻底肃清特纳鲁河东岸的日军。他将 5 辆坦克调给波罗克指挥，以加强进攻日军的火力。他还派克雷斯韦尔指挥 1 个陆战营，由特纳鲁河上游涉水过河，绕到日军的后边，封死日军的退路。

8 月 27 日下午，美军发动了全线反攻，一木支队全军覆灭。

日本航母出动

由于没有空中支援，再加上运送的部队大半葬身海底，日军增援舰队被迫返航。

日军的再次失利，使得日本军部认识到瓜岛的重要性。山本五十六觉察到美太平洋舰队主力有可能就在瓜岛附近海域，以掩护瓜岛上的美海军陆战队和为他们运送补给的运输船队。

为了报中途岛海战之仇，山本派第 8 舰队为增援瓜岛的编队护航，同时联合舰队的主力趁机诱歼美军的航母编队。

山本五十六的旗舰是“大和”号战列舰，由 1 艘航空母舰和 3 艘驱逐舰护航，在所罗门群岛以北海域活动。在所罗门群岛，山本五十六派遣了十多艘潜艇监视美海军的动向。

1942 年 8 月 23 日凌晨，弗莱彻的航空母舰编队驶入瓜岛以东海域，被日军 1 艘潜艇发现。南云忠一得到这个消息后，下令做好战斗准备，并向南航行。

10 时，美军的 1 架侦察机发现日军的增援舰队，弗莱彻于 14 时 45 分出动 31 架轰炸机、6 架鱼雷机攻击南云舰队，但没有找到南云舰队。16 时 15 分，史密斯少校率战斗机再次起飞。

这次，史密斯在泥泞的跑道上费了很大劲才升上天空，但遭到日军战斗机的扫射。史密斯驾驶战斗机躲过了日机的偷袭，迅速飞到有利的位置，8 挺航空机枪同时开火，击落 1 架日军战斗机。

夜晚，美军再派 5 架水上飞机向目标海域搜索，但仍然找不到南云舰队，被迫扔掉炸弹和鱼雷，返回基地。原来，日军增援舰队的司令田中赖三看见美军侦察机后，立即向西北撤退，躲过了美军飞机的攻击。

弗莱彻得知日军的航母正在特鲁克附近海域，他命令第 18 特混大队返回南方加油，其他舰队继续在马莱塔岛以东执勤。

8 月 24 日晨，美军的两支舰队到达马莱塔岛东南海域，日海军的多数分舰队到达马莱塔岛东北海域，双方距离 300 多海里，通过侦察活动都发现了对方。

上午 11 时，美军的 1 架水上飞机找到了日军的牵制舰队，但弗莱彻并不相信。

13 时许，日军牵制舰队的“龙骧”号航母放飞 6 架轰炸机和 15 架战斗机，空袭瓜岛机场。日机群被击落一大半，无法破坏瓜岛机场。弗莱彻误以为日军牵制舰队是南云航母舰队，因此命令“萨拉托加”号航母派出 30 架轰炸机和 8 架鱼雷机前去攻击。

不久，美军一架水上飞机报告，在日军牵制舰队的东北 60 海里处找到日军一艘航空母舰，其实这是日军的先遣舰队。14 时 30 分，“企业”号航母的侦察机找到了以 2 艘航空母舰为主力的南云舰队，这才是日海军的主力。

弗莱彻立即命令攻打日军牵制舰队的机群改进攻南云舰队。由于美军航空母舰与出击机群间的通讯联络中断，机群于 15 时 50 分到达“龙骧”号航空母舰上空。“龙骧”航空母舰号正准备放飞第二批飞机，美军 30 架轰炸机从高空进行轰炸，8 架鱼雷机分成两队以 60 米高度投掷鱼雷，“龙骧”号被 1 枚鱼雷和 10 多颗炸弹命中，舰体大量进水，晚 20 时沉入太平洋。

南云于 14 时出动第一组攻击机群攻击美军航母编队，共 27 架攻击机，由 10 架战斗机护航。15 时，南云又派出第二组攻击机群，共 27 架攻击机，由 9 架战斗机护航。

同时，先后两架日军侦察机飞到美军航母编队上空，都被美舰队击落。弗莱彻下令作好防空准备，增加了在空中警戒和甲板上待命的战斗机数量，把队形变成防空队形，为了分散日攻击机的兵力，两个舰队拉开了十多海里的距离。

几分钟后，“企业”号航空母舰雷达发现88海里外有批日军飞机飞来，两艘美军航空母舰上的13架轰炸机和12架鱼雷机立即起飞，前去攻击日军航空母舰。在甲板待命的战斗机立即起飞，空中担任警戒的战斗机达到53架。

16时25分，美军战斗机报告发现了日机。由于空中飞机的数量太多，造成了通讯阻塞，前去截击的命令未能及时发出。

16时29分，日军机群距离“企业”号航空母舰30海里，分成几队扑来，结果，美舰雷达的显示屏上图像十分混乱，美舰空战指挥官分不清敌我，放弃了指挥。

美军战斗机在距离“企业”号航空母舰25海里处与日机遭遇，进行了激烈的空战，击落6架日机。

16时40分，日机向“企业”号航空母舰进行俯冲轰炸。“企业”号航空母舰周围有9艘军舰护卫，林立的舰载高射炮进行了空中封锁，“企业”号航空母舰还不断地转弯进行躲避。

由于日军飞行员的素质大大下降，再加上美军的防空炮火太猛，日军鱼雷机在投掷鱼雷前就被击落，只有几架轰炸机投弹，“企业”号航空母舰被击中3颗炸弹，引发了大火，舰体倾斜。

日机飞走后，舰员们只用了1小时就扑灭了大火，恢复舰体的平衡，航速高达24节，仍能回收飞机。

南云舰队的第二组攻击机群没有发现美航空母舰，由于燃油消耗过半，被迫返航。

在“企业”号航空母舰起飞的11架轰炸机和7架鱼雷机也没有找到南云舰队，美军轰炸机在瓜岛机场降落，鱼雷机在航母上降落。

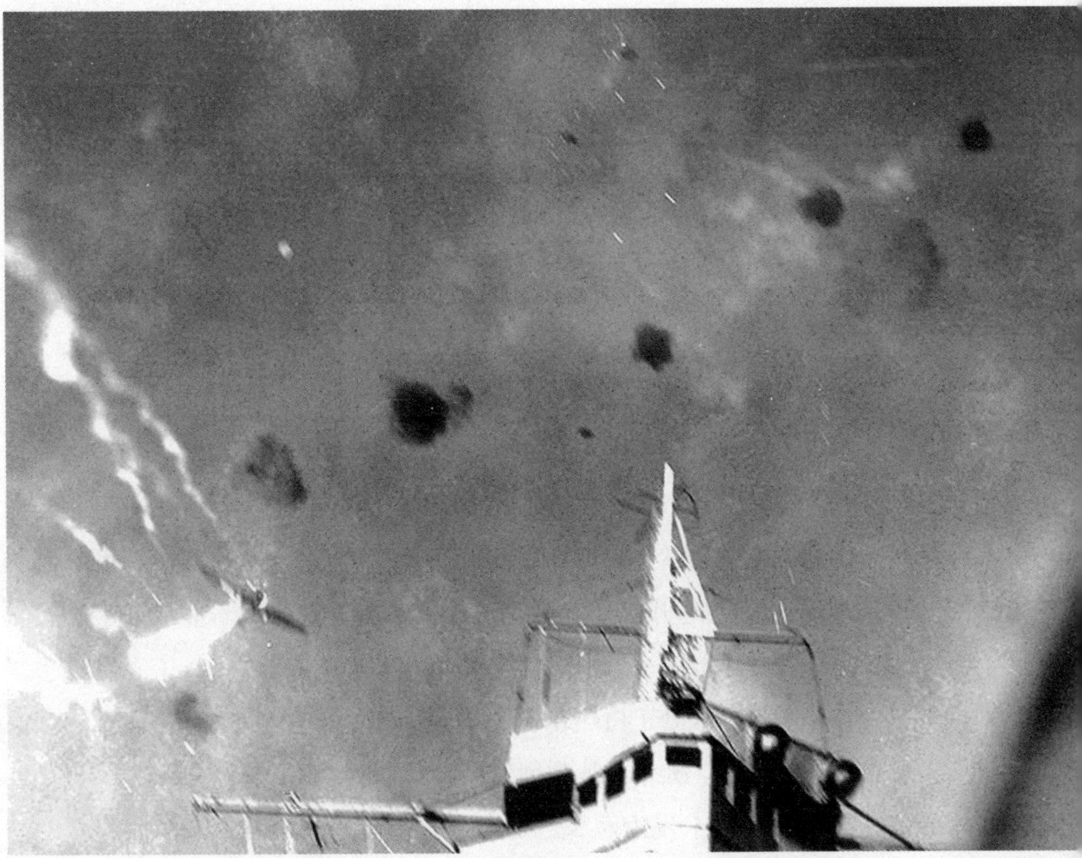

一架日本轰炸机在“企业”号航空母舰上空被击落

从“萨拉托加”号航空母舰起飞的2架轰炸机和5架鱼雷机碰巧发现了日军的先遣舰队，击伤了“千岁”号水上飞机母舰。

弗莱彻指挥舰队回收了飞机后，天已经黑了，为了躲避夜战，连忙向南驶去。

8月24日9时35分，日军增援舰队驶入马莱塔岛以北海域被美侦察机发现，瓜岛的航空队马上起飞8架俯冲轰炸机进行空袭，运输船“金龙丸”号沉没，旗舰“神通”号巡洋舰和另1艘驱逐舰被击伤。

接着，由圣埃斯皮里图岛起飞的美军轰炸机赶到，将日军“睦月”号驱逐舰击沉。由于没有空中支援，再加上运送的部队大半葬身海底，日军增援舰队被迫返航。

敢打敢拼的哈尔西

在瓜岛争夺战处于白热化、登陆美军岌岌可危的时刻，尼米兹起用了敢打敢拼的哈尔西。

10月15日晚，尼米兹召开一次特别会议，他越来越无法容忍戈姆利等人的悲观主义情绪。出席会议的军官都发表了意见，他们认为戈姆利不称职。理由是，戈姆利过于拘泥于细节，在关键时刻不敢放开手脚。结果，尼米兹让小威廉·哈尔西代替了戈姆利。

在瓜岛争夺战处于白热化、登陆美军岌岌可危的时刻，尼米兹起用敢打敢拼的哈尔西。太平洋战争爆发前，哈尔西奉命向威克岛运送飞机。舰艇出发后，他马上发出命令，要求官兵严阵以待，若遇到敌舰，立即开火。当时，美日还处于外交谈判阶段。

当珍珠港惨遭重创时，哈尔西率领仅有的一支航空母舰编队进行了对日海空反击战，使美国人从失败中看到了希望。

尼米兹任命哈尔西出任南太平洋海区司令的决定是深得人心的，激起了深陷战争泥淖中的官兵们新的斗志。

哈尔西失望地发现戈姆利和他的参谋人员对瓜岛局势的第一手情报所知甚少。哈尔西马上把范德格里夫特将军召来会晤。

哈尔西从范德格里夫特那里了解到，美军需要强大的火力支援和不间断的运输补给。哈尔西向南太平洋增调大量的兵力，其中有战列舰1艘、潜艇24艘、战斗机50架、轰炸机24架以及陆军第25师。“企业”号航空母舰被修复后，也被调回南太平洋参战，“大黄蜂”号航母编队也被调到南太平洋海区。

11月12日黄昏，在日军阿部弘毅少将的率领下，11艘运输船和12艘驱逐舰运载着1.1万名日军驶向瓜岛。一支以“比睿”号和“雾岛”号战列舰为主力的日海军炮击编队，从特鲁克岛驶来，准备对瓜岛机场进行炮击。

同一天，美海军少将特纳奉命率舰队把6000多名陆军和海军陆战队护送到瓜岛。傍晚，田中赖三率领的日军炮击舰队靠近瓜岛。特纳抽调5艘巡洋舰和8艘驱逐舰，前去迎击日军炮击舰队。

日美两支舰队驶入瓜岛以北的铁底湾。日舰队首先发现了美军，不过，日战列舰携带的是356毫米的轰击瓜岛美军阵地用的杀伤弹，并不是穿甲弹，美军编队才没有全军覆没。

天明后发现，日军2艘驱逐舰、1艘巡洋舰和旗舰“比睿”号被击沉。美军4艘巡洋舰、1艘驱逐舰被击沉。阿部的日军增援舰队被迫撤回肖特兰岛基地。

从14日5时55分起，直到下午15时30分，“企业”号航母的舰载机和瓜岛、圣埃斯皮里图岛的航空兵部队对日军炮击编队发动了轮番空袭，击沉日舰“衣笠”号重巡洋舰，炸伤3艘巡洋舰。接着，美军飞机又对阿部的增援舰队发动了8轮空袭，把11艘运输船炸沉了6艘，有1艘运输船因受重创而被迫返航。

田中指挥护航的驱逐舰抗击美军的空袭，抢救落水的官兵4800多人。山本命令他于当晚把部队送上瓜岛，派近藤信竹中将指挥4战列舰、4艘巡洋舰和9艘驱逐舰，对瓜岛的机场进行炮击。美军出动了3架轰炸机对增援编队进行偷袭，日军被迫停止了增援行动。

15日深夜2时，日军增援编队的4艘运输船到达瓜岛，开始卸载。田中率领舰队于2时30分撤退。天亮后，瓜岛的航空部队把4艘运输船全部击沉，用燃烧弹把海滩上的弹药和大米全部焚毁。

日军从肖特兰岛运送 1.35 万人和 1 万吨物资，送到瓜岛日军手中的仅剩 2000 多人和 5 吨物资。

此次海战，对山本五十六来说，没有歼灭美军航母编队，最重要的是日军没有向瓜岛增运部队和急需的补给品，结果岛上的日军弹尽粮绝，最后被迫撤离。可见，日海军在瓜岛海战中彻底失败了。

罗斯福为奖励哈尔西所取得的胜利，特于 11 月 26 日，晋升他为四星上将。

尼米兹认为，尽管南太平洋舰队遭受重大损失，但完全掌握了战场上

刚就任南太平洋战区指挥官的哈尔西视察瓜岛

的制海权和制空权。这时，美国已经建成或者即将建成的共有 22 艘快速航空母舰。到时候，尼米兹打算派一支大舰队横越太平洋，直接攻占日本本土。

与此同时，麦克阿瑟提出，以陆军为主力顺着新几内亚进攻菲律宾群岛，最后以菲律宾群岛为军事基地，攻占日本本土。在以陆军为主力的战役中，以海军担负陆军的人员护送和补给任务。

尼米兹反驳道，麦克阿瑟进攻日本的方案是典型的个人主义，耗损人员和供应，将使战争变得旷日持久。

美军坚守瓜岛

美军防线的中段逐渐向后移动，但始终没有被日军突破。

双方都在增调兵力，运输物资给养。白天美军忙着运送，晚上则是日军忙个不停。

为了避开从瓜岛起飞的美军轰炸机，日军被迫趁夜暗分批向瓜岛运送部队，即“鼠式运输”。

8 月 28 日夜至 9 月 2 日夜晚，日军在夜幕的掩护下，分几批把川口支队和一木支队共 5000 人运上瓜岛。

9 月 4 日夜、5 日夜和 7 日夜，日军又用同样的办法把一支部队运到了瓜岛。这时，瓜岛上的日军已经有 8400 人了。

在兵力增强以后，日军决定于 9 月 12 日发动地面进攻，并对美军实施大规模的海上炮击和舰载飞机的狂轰滥炸。

参加此次进攻的日军有 6000 人，分三路进攻，一路由北面进攻，一路冲过特纳鲁河发动进攻，另一路渡过伦加河发动进攻。这次进攻的指挥官是川口将军，川口准备采用闪击战术摧毁美军阵地，收复飞机场。

然而，川口没有考虑日军体力上的消耗，在向美军发动进攻以前，日军必须穿越泥泞的沼泽和多刺的灌木丛。在蜇人的蜂虫和水蛭的围攻下，6000 日军变得垂头丧气、无精打采了。

当日军艰难地穿过浓密的丛林时，美军早已在陡峭的山岭上修好了工事，等候日军多时了。

范德格里夫特将军在山岭上部署了 700 名伞兵，司令部就建在山岭后面。

9 月 12 日晚，山岭上的美军紧张地看着缓缓爬行的日军。

忽然，一颗信号弹从山下的丛林里升入高空，黑暗中响起了机枪和全自动步枪的射击声。

第一批日军高喊着“天皇万岁”爬了上来，伏在阵地上的美军的各种武器同时开火，枪炮声和日军的喊叫声响彻夜空。在凶猛的日本兵的冲击下，美军的一些阵地被突破，有的防线被迫后移。然而，日军丧失了连续进攻的能力，第一批日军已经攻进了美军阵地，但第二批日军正在丛林里喘着粗气向上爬。

这时，美军大炮一阵齐射，炮弹落在美军阵地上的日本士兵之间。日本兵被炸得粉身碎骨，剩下的通过丛林跑掉了。

天亮后，美军发动了反攻，把日军赶出了阵地。山岭仍然掌握在美军手中。

百武将军认为日军肯定占领了这座重要的山岭，所以，在这一天他没有派轰炸机轰炸山岭。据侦察机报告，塔辛博科登陆的美国部队就在川口部队的后面，百武连忙派轰炸机前去轰炸，结果把川口的后续部队当成登陆的美军给轰炸了。

在山岭下闷热的丛林中，川口把第一次进攻退下来的日军和刚赶到的日军编成一支 2000 人的进攻部队，准备再次发动进攻。

美军陆战队员向瓜岛内陆推进消灭日军残敌，这是他们在瓜岛林地里休息的情景

当天晚上，川口把2000名日军分成6组，轮番组织进攻。日军高喊着，从黑暗的丛林中向山上冲锋。整个美军防线上展开了激烈的肉搏战。

美军防线的中段逐渐向后移动，但始终没有被日军突破。在东面至特纳鲁河一带，日军也冲向了美军，但仍无法突破美军阵地。

山岭上，日本兵向美军发动连番冲锋。美军大炮发射出更加凶猛的炮火。由于日军向美军阵地不断地接近，炮弹的落点向美军的阵地靠近。

双方再次展开肉搏战。双方的许多士兵纷纷被捅死和砍死。在肉搏战中，美军炮弹的爆炸声和惨叫声混合在一起。

当太阳升起时，瓜岛上的美军飞机纷纷出动。飞机上的航空炮和机枪喷射着火舌，击溃了日军。

5辆美军坦克顺着特纳鲁河向前推进，把日军打得无招架之力。

川口指挥剩下的日军，躲进茂密的丛林中。川口不想回到海岸，尽管海边的路很平，但美军飞机肯定会狂轰滥炸。

日军混乱不堪，士兵乱哄哄地着撤退着，已经没有队形了。第三天，没有食物，只有吃草根和苔藓。日军哪里还抬得动伤兵，只好扔掉伤兵了。

双方又开始积蓄力量，补充给养，准备进行再次较量。为了向瓜岛增兵，日海军加快了运输速度。9月中旬至10月中旬，日军几乎每天夜里都会向瓜岛秘密增兵。

10月17日，在瓜岛的日军已经有15个步兵营，2.2万人，装备了25辆坦克和100多门火炮。

为了歼灭瓜岛上的日军，美军也向瓜岛输送兵力和补给品。9月18日，美军把4200人运上瓜岛。10月13日，美军把3000人运上瓜岛。10月23日，在瓜岛的美军达2.3万人，与日军持平。

在瓜岛多次进攻失败后，第17集团军司令百武中将迷惑不解。自从太平洋战争爆发以来，日本陆军一路上所向披靡，而瓜岛上的美军却负隅顽抗，他决定亲自登岛指挥作战。

10月9日，百武带领指挥部人员在瓜岛上岸。

百武再次低估了美军的实力，在对瓜岛的地形还不够了解的情况下，百武下达了作战命令。

百武下令：炮兵由西面炮击美军沿河构筑的阵地；第2师团由南面分兵两路夹击瓜岛机场，一路由川口指挥，一路由那须指挥；飞机和水面军舰全部参战。

10月23日夜，炮兵炮击美军阵地。日军大炮齐鸣，炮弹炸起的泥土掩盖了美军官兵。

12辆日军轻型坦克冲向沙堤，光着膀子，头上缠绕白布条的日本兵

瓜岛上被击毙的日军死尸成堆

端着三八式步枪，高喊着“天皇万岁”，开始进攻。

日军官兵成群地跟在坦克的后边，在狭窄的沙堤上挤成一团。美军的各种武器同时开火，日军不断地毙命。

美军的火炮反击了。炮弹落在坦克的后边，炸得日军官兵无路可逃。

美军在防御阵地上部署了装甲车，其 75 毫米口径反坦克炮连续击毁 3 辆日军轻型坦克。从后边冲上来的坦克把被击毁的坦克推到河里。

一辆坦克冒着密集的反坦克炮火冲过沙堤，在美军阵地横冲直撞。日军官兵跟着坦克进入美军阵地，纷纷投出手榴弹，炸死很多美军士兵。

许多日军官兵进入美军阵地。双方展开了肉搏战。

美军发现日军进攻的兵力不足，命令炮火击毁后边的坦克，把后面的日军截住。美军的爆破手，用反坦克手雷对付冲进阵地的坦克。

爆破手们冲到日军坦克旁，迅速把反坦克手雷塞到坦克履带里。

“轰隆”一声，坦克履带被炸烂。坦克驾驶员刚爬出坦克，就被打死了。

美军装甲车不断地发射反坦克炮，美军的火焰喷射器手朝坦克后边的日军喷射火龙。火龙焚烧着四散而逃的日军官兵。

激战 5 个多小时后，日军伤亡惨重，已经没有招架之力了。

剩下的日军躲进丛林，美军阵地上留下了很多日军尸体。

24 日早晨，百武听说进攻又失败了，暴跳如雷。百武命令当晚马上向亨德森机场发动进攻。

下午，瓜岛上空浓云滚滚，大暴雨就要来了。傍晚，空中响起了阵阵雷声。这时，日军所有的大炮都发炮了，密集的炮弹落在美军阵地上。几艘日军驱逐舰也用舰炮轰炸美军阵地。

日军官兵冒着暴雨端着明晃晃地刺刀跳出丛林，高喊着口号，纷纷向美军阵地冲去。

美军轻重机枪手纷纷射出密集的子弹。美军火炮也疯狂地炮击，炮弹雨点般落在日军身上，炸死许多日军。

日军毫不怕死，跟着指挥官继续向前冲锋。成片的日军倒下了，后面的日军继续向前冲。

面对日军的集团冲锋，美军不断地发射照明弹，将日军照得一清二楚。美军机枪和大炮的威力得到了充分的发挥，几乎每颗机枪子弹都能射中日军。

日军仍然发起一次次集团冲锋，日军通过铁丝网缺口，踏着地上的尸体，迎着枪林弹雨拼命向上冲。

许多美军士兵跳出战壕，抱着冲锋枪猛扫，密集的子弹射向日军。

日军扔出许多颗手榴弹，在美军阵地上炸响，很多日军从美军阵地的缺口处进入。

日军和美军展开了肉搏战，在暴风雨中，双方用刺刀、指挥刀、手榴弹、枪托甚至牙齿拼杀。双方杀得难解难分，双方的火炮都停止了炮击。

日军的后续部队不断地冲上前线，这时，美国的预备队也全部参战了。

美军的装备精良，时间长了，日军很难抵挡，似潮水一般地向山下撤退。

10月25日夜，日军那须少将病了好几天，他用军刀支撑着虚弱的身体，率领日军出发了。

日军集中所有的大炮，轰炸美军的防御阵地。美军都躲到阵地后面，结果日军的炮火准备失去了作用。

美军的大炮向日军的炮兵阵地猛轰，双方开始了炮战，夜空中炮弹乱窜，遍地开花。发动进攻，那须将军也冲向了美军。一颗炮弹在他身边炸响，那须被气浪冲得差点摔倒。旁边的参谋连忙把他扶住。

成群的日军官兵，冒着炮火向前冲锋，口中大喊："美国佬，你们快完蛋啦！"

官兵的狂热振奋了那须，那须举起指挥刀像年轻人一样冲向铁丝网，下令投手榴弹，炸毁铁丝网。

黑暗中，美军的轻重机枪一同开火了，那须少将倒下去了。日军官兵看见将军被打倒，狂呼乱叫地向美军冲去。

经过几次交战，瓜岛美军完全摸透了日军的战术，美军先躲在工事里，等日军的炮火准备过后再跳进战壕，日军不靠近绝不射击。当日军靠近铁丝网，被迫挤在一起时，再扔出手榴弹，轻重机枪同时射击。

美军还组织了狙击手，专门射杀冲在前面的挥舞军刀的日军指挥官。狙击手打死了很多日军指挥官，结果日军群龙无首，很难发起有效的攻势。

美军击退了日军的6次进攻，日军的第7次进攻攻势更猛，日军攻入美军前沿阵地，美军被迫向后撤退。

美炮兵进行了更加猛烈的炮击，轰炸阵地上的日军，美军刚刚撤出的阵地变成了地狱，日军士兵无处躲藏，被炸得身首异处。

连续两天两夜的厮杀，山岭变成了焦土，丛林变成了山地，日军中队长以下的指挥官全都战死。山地上布满了日军丢弃的军旗和武器。日军伤兵不断地发出痛苦的嚎叫。

反攻开始

12 月，瓜岛上的日军主要靠吃青草、树根和蕨类植物为生，再加上各种疾病流行，瓜岛日军官兵奄奄一息。

太平洋战争，本质上就是一场争夺前进基地的战争。瓜岛争夺战既有陆上的殊死争夺，又有空中激战，还有海上搏击，是一场国力的消耗战。美国物资力量雄厚，而日本资源缺乏。

日美双方都在为维持岛上的部队的生存，冒着被对方打击的危险继续进行补给和增援。

11 月 4 日、11 日、12 日，美军陆续向瓜岛增兵，总兵力达 2.9 万人。美军运来了很多重炮和坦克等重武器，火力大大增强。岛上的美军航空兵部队实力大增，包括5个飞行中队、4个海军飞行中队和1个陆军飞行中队。

11 月 6 日，日本统帅部组建了陆军第 8 方面军，包括第 17 集团军、第 18 集团军和方面军直辖 1 个师。日海军派第 2 舰队、第 5 舰队和第 8 舰队主力以及第 11 航空舰队支援陆军。至 11 月 12 日，瓜岛日军的兵力超过了美军 1000 人，达到 3 万人。

11 月 16 日，麦克阿瑟的部队在瓜岛成功登陆。麦克阿瑟指挥美军不断地反攻，把日军赶到沿海的狭小地带。

美军军用物资源源不断地送到瓜岛

由于后勤补给中断，瓜岛的日军面临被全歼的危险。因为粮弹奇缺，日军官兵虚弱不堪，许多官兵饿死。多种疾病蔓延，许多官兵病死。

12月，瓜岛上的日军主要靠吃青草、树根和蕨类植物为生，再加上各种疾病流行，瓜岛日军官兵奄奄一息。个个都饿得面无人色，连牙齿都软如泥巴了。

不久，美军在瓜岛上的兵力增至3.5万人，日军还在减员。可见，山本的所有设想都失败了。12月初，范德格里夫特将军被调走，亚力山大·帕奇将军接替指挥权，苦战几个月的海军陆战队第1师也离开了瓜岛。

从12月中旬起，日军争夺海、空控制权遭到惨败，在瓜岛约3万人的补给已无法维持，海上运输几乎断绝，不仅武器弹药不足，就连日常生活都无法保障。美军对岛上的日军开始了围剿行动。

12月31日，日军统帅部决定：停止夺取瓜岛的作战，秘密撤离。

1943年1月4日，第8方面军要求岛上日军继续抵抗，为撤退作准备。

在美军的围困下，日军早已弹尽粮绝，饿死的官兵逐日增多。日军像朽木一般堆在一起，暂时还活着的，腐烂生蛆的，化成白骨的，他们同枕共眠，无力行动。勉强能行动的日军饿鬼似的生吃四脚蛇，抢食水苔。

为了保证撤退成功，日军出动300架飞机，20多艘驱逐舰负责掩护。2月2日、4日、7日，日军1.19万人分三批撤离瓜岛。对于日军的每次撤离，美军都以为是在增兵。

美军对日军发动最后的围剿时，发现日军的阵地上已经空无一人。

1943年2月9日，美军宣布瓜岛战役胜利。

在长达6个月的瓜岛地面争夺战中，日本陆军先后投入的兵力达3.9万多人，死亡2.46万人。盟军参战的地面部队达6万人，死亡1592人。

瓜岛之战表面上看是对海岛的争夺，但核心问题是对前进基地的争夺，控制了前进基地后，就能够利用基地上的设施，如机场、港口，就能在海战、空战中占有优势。

从基地起飞的飞机，可以保护己方的舰艇和基地，是“不沉的航空母舰”。停泊在基地港口的舰艇也不用远征了。

与此同时，麦克阿瑟指挥的新几内亚东部的战斗也结束了，赶走了约1.2万名日军，至此，日军的防线全线崩溃了，美军的反攻开始了。

第五章

所罗门群岛之战

“硬币”计划

日本骁勇善战的老飞行员在海空战中折损过半，又得不到有效补充。

瓜岛战役结束后，美国正在大西洋和地中海与德意进行殊死搏斗。同时，美国还想在太平洋战区扩大战果，但这时太平洋美军已经感到力不从心了。

早在1943年1月，瓜岛争夺战快结束时，盟国在卡萨布兰卡召开会议，制定下一步的作战计划，在战略上达成如下协议：

盟军在太平洋和远东地区的军事行动继续下去，对日本不断施压，德国战败后，马上对日本发起总攻。

在日本的四周发动攻击：

在西南太平洋海区自瓜岛、新几内亚发起进攻，攻下拉包尔和帝汶岛；在中太平洋海区向特鲁克岛和关岛发起进攻；在北太平洋海区向阿留申群岛进攻；在东南亚海域攻占缅甸。

日美双方发生了巨大的变化，特别是表现在装备方面和人员的素质上。

1943年3、4月，美国飞机在性能上占有优势，在数量上占有优势。3月份，美军在瓜岛上共拥有飞机约310多架，瓜岛东南的新喀里多尼亚等岛拥有200架飞机。

根据使用情况，美国的旧式飞机改进很大，新式飞机的功率大、航程远、装甲厚、火力强。

美军的新式飞机在技术上超过了日军飞机。比如F-6F泼妇式舰载战斗机在速度、爬高、火力等方面都超过了日军的零式战斗机。

美军飞行员的素质大大提高，训练时间不断延长。

美军还使用了专为两栖登陆而制造的登陆舰艇，包括大型的登陆坦克和灵活的水陆两栖车。

相反，日本失去了技术优势，日机绝大部分是旧机型，开战以后来不及改进。日本俯冲轰炸机的起落架无法回收，成了美国战斗机或者高射炮攻击的目标；日本鱼雷机的速度和续航力都不如美国鱼雷机。

日本的骁勇善战的老飞行员在海空战中折损过半，又得不到有效补充。

由于日本的经济不堪重负，陆、海军与政府部门为了争夺资源而多次争吵。

日本统帅部于 1943 年 3 月 25 日制定了《东亚战争第 3 阶段作战帝国海军的作战方针》《联合舰队司令长官的作战方针》。

日本统帅部要求沿太平洋的阿留申群岛、威克岛、马绍尔群岛、吉尔伯特群岛、瑙鲁岛、大洋岛、俾斯麦群岛、帝汶岛、爪哇岛、苏门答腊岛、尼科巴群岛和安达曼群岛一带建立“绝对国防圈”，特别要坚守东南亚、千岛群岛、马里亚纳群岛、加罗林群岛等地方。

由于太平洋战争对日本的形势不利，日军不得不转入“确保要域”的战略防御，就是在西南方向以拉包尔为中心在俾斯麦群岛构筑一条防御圈，对防御圈两侧的前沿阵地布干维尔岛、肖特兰岛和新乔治亚群岛，还有马绍尔群岛、吉尔伯特群岛，等等，都要做出最大努力，以顶住盟军的强大攻势。

坚守这么多分散又各自孤立的岛屿很难，不过日军吸取了从美军进行战略反攻以来的一些经验和教训，发现原先采用的“只需配备一些航空兵部队和一些陆军、海军部队，就能够守住这些分散的岛屿”的战略方针是不对的，是没有从实际出发的。

这些独立的岛屿的实际防御能力要比日本海军所估计的要薄弱很多，只靠基地航空兵连维持岛上的制空权都很难。因此，为了建立“绝对国防圈”，日本海军制定了新的战略方针，也就是加强各个岛屿的地面部队，以岛屿基地群为基础，用陆军进行时间长而有效的防御抵抗，并且把航空和海上兵力集结起来，从而发动有利于日本海军的海上决战，从而更有效地保卫岛屿。

在《东亚战争第3阶段作战帝国海军的作战方针》和《联合舰队司令长官的作战方针》中，日本统帅部再次重申了这一战略方针：“应立即加强战略要地的地面防御，盟军如果来攻打，就在海军和在航空部队的支援下先发制人地击败盟军。”

日本统帅部指出：“把航空母舰的主力部队派遣在太平洋上，把它的部分兵力适当用在西南海域，伺机出动，随时准备机动作战，并且使航空母舰兵力的集中和分散做得十分巧妙，十分机动，用主动迎击的作战方针歼灭美舰队。”

因此，日军统帅部下令把守卫所罗门群岛和俾斯麦群岛的重大任务交给陆军第8方面军和海军联合舰队，并要求向新几内亚和所罗门群岛大力增援航空兵部队，立即兴建机场，同时攻击盟军的机场。

1943年3月，美军决定占领新几内亚岛东北海岸的莱城、萨拉莫亚、芬什哈芬和马丹等地区，占领新不列颠岛西部；占领新乔治亚群岛和布干维尔岛；最后占领俾斯麦群岛的主要岛屿拉包尔。

麦克阿瑟负责在战略上指挥，哈尔西直接指挥进攻新乔治亚群岛。另外，美国海军作战部长金海军上将制定了新的舰队番号，每个编队又分为特混编队，下面分为特混大队。从此所有在太平洋战区的舰队的番号都是单数，在大西洋舰队的番号都是双数。

太平洋上3支舰队的具体情况为：

第3舰队，原南太平洋部队，由哈尔西上将率领；所属的两栖兵力第3编队，由威金逊少将率领。

第5舰队，原中太平洋部队，由斯普鲁恩斯中将率领；所属第5编队，

战斗间隙的美军

由特纳少将率领。

第 7 舰队，原西南太平洋部队，由金凯德中将率领；所属第 7 编队由巴比少将率领。

麦克阿瑟和哈尔西开始了紧张的战前准备，制定出一份作战计划，代号为“硬币”。

麦克阿瑟负责进攻新几内亚东北海岸，继续向西进攻；哈尔西从所罗门群岛北上，进攻布干维尔岛；麦克阿瑟和哈尔西互相支援，保障对方的安全。

“阿”号作战计划

美军的飞机占有优势，但日军的俯冲轰炸机冲出了美军战斗机的包围，冲向目标。

日军在新几内亚群岛不断战败和瓜岛的惨败，使日本军部非常恼火。

山本准备发动毁灭性的空袭，把盟军在最近占领的重要岛屿拔掉一个或者几个，打击美军士气，尽可能地争取时间，坚守俾斯麦群岛防线，这就是“阿”号作战计划。

山本面临的主要难题是飞机太少，日海军飞机的月供应量仅500架，由于发动了对巴布亚的大规模空袭，日海军飞机损失较大，使“阿”号作战计划推迟了。

4月初，在山本的督促下，重新集结了300多架飞机，从拉包尔、巴莱尔和卡希利等基地起飞，飞向瓜岛，企图对瓜岛的亨德森机场、飞机、舰艇和运输舰船发动毁灭性轰炸。

日机起飞的情况早就被美军的海岸哨发现了，发出了战斗警报。为了拦截这批日机，美军包括“仙人掌”航空队在内的76架战斗机从亨德森机场立即起飞，根据不同的高度部署兵力。

不久，鲁塞尔岛的雷达发现了敌机，瓜岛上空不断发出空袭警报，命令各部队紧急防空。空战开始了，美军的飞机占有优势，但日军的俯冲轰炸机冲出了美军战斗机的包围，冲向目标。

由于美军严阵以待，再加上日军飞行员缺乏作战经验，这次空袭行动没有完成“阿”号作战计划，取得的战果很小。

山本的“阿”号计划以失败而告终，后来没有对瓜岛进行空袭。山本

亨德森机场鸟瞰图

又出动机群去轰炸巴布亚岛了。

“复仇者”行动

4月15日，尼米兹下令执行伏击山本座机的行动，此次行动的代号为“复仇”计划。

麦克阿瑟和哈尔西发动的“硬币”作战计划，形成了对日军重要的海、空军基地拉包尔的两面攻势。

拉包尔的日军感到威胁越来越大，山本为了鼓舞日军的士气，想去所罗门群岛的巴莱尔、肖特兰基地巡视，鼓舞日军据守阵地。

从 4 月 7 日起，日机群空袭瓜岛，威胁所罗门群岛。接着，日机群持续轰炸了新几内亚的莫尔兹比港等地。连续的骚扰性攻击，对美军造成了损失，但是，日机群的损失大于美军。

日军没有战区制空权，参谋们认为这样做非常危险，都劝山本五十六不要前往。

但山本下令："GF 长官将于 4 月 18 日前往视察巴拉尔岛、肖特兰岛和布因基地……本视察日程往后顺延一天。"

城岛海军少将接到山本的电报，惊呼："司令长官简直不要命了，这分明是发给美军的一份请柬。"

4 月 13 日 17 时 55 分，美军设在阿留申群岛荷兰港的监听哨收到了

尼米兹收到罗奇福特截获的情报进行分析后，下令截击山本五十六

那份“请柬”，马上交给太平洋舰队，情报官罗奇福特立即把这份重要的电报破译出来了。

1943 年 4 月 14 日下午，罗奇福特向尼米兹递交了一份刚被截获的日本海军电报。这是一份有关山本五十六行踪的情报。

罗奇福特中校是美军的密码破译人才，他主持揭开了“日本海军 25 号密码”。

后来，罗奇福特又主持揭开了“日本海军 25 号 B 型舰队密码”。尼米兹通过情报组，对山本五十六的军事计划了如指掌。

早在 1942 年春，罗奇福特曾经准确预见到日本海军攻打俾斯麦群岛、新几内亚、莫尔兹比港、图拉吉岛等地的意图、时间以及兵力部署等情况，为美军战胜日军立下了赫赫战功。

1942 年 6 月，罗奇福特准确提供了关于山本五十六策划日海军联合舰队，攻打美海军中途岛的意图、时间、兵力以及部署等情报，为美军在中途岛海战中重创南云舰队做出了巨大贡献。

现在，尼米兹接过莱顿中校送来的电文，稍一观看，职业本能就让他瞪大了眼睛。那封电报由日本海军东南航空战队总司令发给布干维尔岛驻布因的日本驻军司令。

电报写道：“4 月 18 日，联合舰队司令长官将视察……”

尼米兹认真读完电报，走向巨幅军用地图。罗奇福特走上前去补充道：“新不列颠岛首府拉包尔距离布干维尔岛首府布因约 320 公里。”

一会儿，罗奇福特说：“美军驻瓜岛的机场距离山本五十六座机第一站目的地布因的距离为 500 公里。”

尼米兹大声问罗奇福特：“我们能不能结果山本五十六？”

罗奇福特说：“瓜岛机场驻有最新式双发闪电式战斗机，最高时速高达 765 公里，活动半径达 926 公里，升高达 12 200 米，可以到布干维尔岛高空设伏，击毁山本五十六的座机。”

尼米兹说："我是说，伏击日海军总司令，是否光明磊落？"

罗奇福特说："将军，你忘记珍珠港了吗？难道日军偷袭珍珠港就光明正大吗？山本是日本海军的军魂，是日海军战略的主要制定者，干掉山本五十六胜过干掉几艘航空母舰。没有人能够代替山本五十六。"

尼米兹命令有关指挥官拟定出动瓜岛机场的美军战斗机群，伏击山本座机的作战计划。

不久，尼米兹向华盛顿报告。罗斯福总统感到事态严重。战争期间，暗杀敌方高级将领，是要遭到同样报复的。罗斯福就曾差点被德军潜艇发射的鱼雷暗杀。

当时，美国人信奉骑士风度，认为暗杀是懦弱的行为，因此一直没有暗杀希特勒、墨索里尼，虽然美国间谍遇到过很多次这样的好机会。

罗斯福召集陆海军要员，在午餐会上密商这件大事。

海军部长诺克斯强烈反对："这太不光彩了，我们必须听听主教大人的意见，看看谋杀敌军领导人是否符合基督教的教义。"

陆军部长亨利·史汀生笑道："难道日军偷袭珍珠港，就符合基督教的教义吗？山本五十六既然如此卑鄙，也就丧失了基督教教义的保护。况且，在战场上，敌方司令官和普通士兵都应该被消灭掉！"

金上将说："对美国来说，山本是凶神。这次绝不能放过他。"

马歇尔说："山本是美国的心头之患，若我们趁这个机会干掉山本，能够使美军免受更大的损失。"

诺克斯问道："山本的巡视日程好像是精心安排的，这是不是圈套呢？将美军的飞机歼灭呢？"

海军情报局负责人扎卡赖亚斯说："不可能伪造电报，这份电报用的是日军的五位乱数式密码。乱数表是4月1日刚变更的，日本人不会想到我们能够破解这种密码。"

罗斯福说："那么就干掉这位'老朋友'，我们给它起个什么代号呢？"

击落山本五十六座驾的美军 P-38 闪电战斗机

诺克斯说：“为了报珍珠港一箭之仇，就称它为‘复仇者’行动吧！”

罗斯福总统和海军部长诺克斯正式批准了这一计划。

4 月 15 日，尼米兹下令执行伏击山本座机的行动，此次行动的代号为“复仇”计划。

日本海军大将山本五十六时年 59 岁，1943 年 2 月，日军从瓜岛败退，战局不利于日本。山本五十六亲临战区巡察、指挥，计划死守西南太平洋战略要地布干维尔岛，控制所罗门海域。没想到，日海军的密码再次泄密，山本五十六落入尼米兹的伏击之中。

1943 年 4 月 18 日晨，山本五十六按计划登上日本海军轰炸机。参谋长宇垣海军少将及随行人员登上另一架轰炸机。6 时整，两架轰炸机起飞，随行护航的 6 架日军战斗机同时起飞。日军轰炸机时速 438 公里，活动半径为 1288 公里，装 4 挺机关枪。日军战斗机时速 564 公里，活动半径为 1208 公里，综合性能居各国空军战斗机之首。

当天早晨 7 时半左右，山本的座机在日军战斗机群护航下，到达布干维尔岛上空。突然，8 架美式战斗机出现在日军机群的上空。

所有护航的 6 架日军战斗机，不等命令下达，全部扑向美军机群，双方上下翻飞，战在一起。两架日军轰炸机，趁机降低高度，贴树梢朝东南方的布因日军机场飞去。

没想到又飞来一群美机，一共 9 架战斗机，分头朝两架日军轰炸机冲了过来，并连续开炮。很快，一架日军轰炸机中弹起火，栽入丛林中坠毁。另一架轰炸机坠入大海。

美军机群伏击山本的座机成功后，向瓜岛的美军基地发报："老爹见了黄鼠狼"，17 架美军战斗机都安全返航了。

4 月 19 日，日军找到了山本座机的残骸。看见山本五十六系着安全带坐在飞行座椅上，手紧握着佩剑，尸体没有血污，山本是被一颗机枪子弹从颌部穿过，穿透太阳穴致死的。

在整理山本遗物时，找到一封信，打开一看，原来是山本所写的遗书。上面写道：

"开战以来，有几万忠勇将士浴血疆场，已成护国之神。吾有何颜去晋见天皇？又何言以告慰牺牲之战友们的父老兄弟？虽身非铁石，但欲示日本男儿之满腔热血。我虽不能似血气方刚之青年那样与敌军决一死战，但随将士英灵而去之日，也不远矣……"

山本五十六死亡的消息传来，日军统帅部各要员似五雷轰顶，惊得说不出话来。他们都知道"名将之花"的凋谢，对民心军心和士气是何等沉重的打击！为了避免引起恐慌，关于山本五十六的死讯严格保密。

美国为了保守破译日军密码的秘密，也不敢宣传。为了欺骗日本人，尼米兹上将命令美航空兵部队，多次在伏击山本五十六的上空巡逻，使日本人误以为山本的死纯属偶然。直到战后，美国才公布了这一事件的真实经过。

5 月 21 日，山本的骨灰用"武藏"号战列舰运回日本。东京广播电

日本国内为山本五十六举行国葬

台的播音员用悲痛的语调说：“联合舰队司令长官山本五十六海军大将，今年4月与敌军遭遇，在飞机上以身殉国。”

山本的妻子礼子和4个子女替他守灵。礼子心中太凄惨了，因为山本一直与她同床异梦，移情别恋。突然，从外面跑进一个浑身缟素的漂亮女人，扑在灵柩前痛哭。原来她是山本的情妇千代子。长子山本义正知道父母不和的原因，气得握紧了拳头，被旁人抱住。不久，有人把千代子送回家。

第二天清晨，千代子在家自杀了。6月5日，日本为山本举行了国葬，在葬礼上，有很多人为他自杀殉葬。

自明治维新以后，天皇只批准了12次国葬，为庶民出身的人举行的国葬，除了山本所崇拜的偶像东乡平八郎外，就是山本自己了。

山本的遇难，对日本国民的士气造成了重大影响。山本之死是对日本海军的沉重打击，其继任者古贺峰一和丰田副武的能力和地位都不如山本，日本海军走向了灭亡之路。

不久，日本联合舰队司令由古贺峰一大将接替。

阿图岛之战

经过阿留申群岛战役，日军的北太平洋地区的“绝对国防圈”被迫向千岛群岛转移。

属于北太平洋阿留申群岛的阿图岛和基斯卡岛位于群岛的西北端，于1942年6月上旬中途岛海战期间被日军攻占。后来，长达1年的时间，美军出动飞机、潜艇和战舰多次攻击阿图岛和基斯卡岛。

1942年第四季度，美军在阿图岛和基斯卡岛附近的阿达克岛和阿姆奇特卡岛登陆，建立了机场，割断了日军向基斯卡岛供应给养的海上运输线。

从1943年2月中旬起，美军派巡洋舰和驱逐舰舰队在阿图岛的西南海域巡弋，多次攻击日军的海上交通线。3月26日，美军编队在科曼多尔群岛以南的海域，和驶往阿留申群岛的日军护航运输舰队进行了激烈的海战，此次海战被称为“阿图岛海战”，完全割断了日军利用运输舰队向阿图岛和基斯卡岛输送补给的海上交通线。阿图岛与基斯卡岛的日军被美军完全围困了。

虽然这些岛屿的价值很小，但美军仍要攻打阿留申群岛，因为美军不想让日军占领阿留申群岛。再加上，美英联合参谋长会议也想占领阿留申群岛，为了日后苏联向日本宣战时，盟军在阿留申群岛扩建航空中转基地，开通西伯利亚的航线。

因为可能动用的兵力和舰艇很少，美军先绕过了基斯卡岛，以少量的

激战后的阿图岛

兵力进攻防守薄弱的阿图岛。阿图岛是基斯卡岛守军的供应基地，而且阿图岛的日军只有 2600 人，还不到基斯卡岛的一半，连岸防工事和防空大炮都很少。阿图岛战役由美军阿留申地区司令官金凯德指挥，他调来 263 架飞机进行轰炸。

1943 年 5 月 11 日，美军步兵第 7 师，分乘 5 艘运输舰，在 3 艘战列舰、6 艘巡洋舰、19 艘驱逐舰、1 艘航空母舰的护航下，一支小分队 1000 人在阿图岛北部的霍尔茨湾海滩登陆，另一支小分队 2000 人在阿图岛南部的马萨科勒湾海滩登陆。

阿图岛守备队队长山崎保代大佐率部在山谷中守了 2 个星期，已经断粮了。阿图岛属于亚寒带，除了苔藓以外，寸草不生。

山崎见援兵总不赶到，决心死守。山崎召集众小队长说："今天我们已经陷入绝境，只有战死，才能让美国人瞧得起，实现效忠天皇的誓言。你们意下如何？"

众小队长大喊："我们与长官同生死！"

这时，两支美军向岛上的日军形成夹攻之势，美军还用舰炮和航空兵的火力进行疯狂轰炸。

山崎指挥2000多名日军据守山口，凭借隐藏的火力点和简单的防御工事组织抵抗。后来，美军出动了第7师的全部兵力1.1万人，仍没有获胜。寡不敌众的日军被迫退守北部海岸的一个高地。

5月29日深夜，山崎率仅剩的千余日军，由一个旧城堡中钻出，向美军阵地发动疯狂反攻。日本官兵大喊着:“日本人喝血如饮酒”，越过了美军的前哨，炸毁了一所美军野战医院和军需补给仓库。

惊醒后的美军向日军发起强大的火力压制，日军官兵纷纷倒地。绝望的日军官兵见无法突围，纷纷以各种方式自杀。

30日清晨，美军占领了阿图岛。阿图岛一战，美军死亡1000人。

日军早已密切监视着美军，正准备从珍珠港、新几内亚、所罗门3个方向发起攻势，没有多余的兵力去支援阿留申群岛的日军。日军失去阿图岛后，日军统帅部决定撤离难以防守的基斯卡岛，下令对撤退必须绝对保密，依靠浓雾天气的掩护，派潜艇部队撤出所有的部队。

基斯卡岛的日军兵力为5639人，包括3210名海军部队。自5月27日至6月21日，日军共派出潜艇18艘次，偷偷地撤走了820名日军。

美军出动了巡逻舰艇封锁基斯卡岛，日军被迫改用大型舰艇。7月29日夜，日军出动19艘大型舰艇偷偷撤走了剩下的所有人员，撤退前炸毁了一些岛上的军事设施。

在占领阿图岛后，美军积极为攻占基斯卡岛做准备。美军吸取了阿图岛战役的血的教训：对日军的防御工事火力打击不充足，美军士兵缺乏训练，装备不适应岛上作战，等等。

从8月2日至8月15日，也就是登陆以前的2个星期内，美军向基斯卡岛发动了106次大规模轰炸和15次舰炮的猛烈打击，将岛上的军事设施几乎全都摧毁了。

在阿留申群岛南部的阿达克岛上，美军出动了2.9万名美军官兵和5300名加拿大官兵，装备了适合岛上作战的装备，不断地进行登陆作战演习和穿越沼泽地的军事训练。

8月13日，在近百艘军舰的掩护下，由大量运输船组成的输送队从阿达克岛出发。15日拂晓以前，负责舰炮掩护的舰只到达基斯卡岛海域，向基斯卡岛的主要岸防阵地发动了大规模的炮击。

天亮后，盟军登陆部队乘坐坦克登陆舰、步兵登陆艇等陆续登陆。盟军冲上岛后发现岛上已经没有人了，只有许多被摧毁了的设施。

美军占领了阿留申群岛，解除了北太平洋海域正面日军的强大威胁，使日本的千岛群岛和北部地区完全暴露在美国海、空军的面前。美军占领了阿留申群岛，为日后美军在反攻中牵制日本北方军队创造了条件。经过阿留申群岛战役，日军的北太平洋地区的“绝对国防圈”被迫向千岛群岛转移。

“脚趾甲”计划

新乔治亚群岛一旦失守，新不列颠岛和北所罗门群岛的日军就完全暴露了。

日军飞机从拉包尔或者布干维尔向瓜岛袭击时，新乔治亚岛上的蒙达机场成为中转站，日军的俯冲轰炸机飞到蒙达机场后，很快就能加满油。

日军飞机轰炸完后，再在蒙达加油，然后返回基地，从瓜岛亨德森机场起飞的美军飞机却无法轰炸拉包尔。

美军飞机对蒙达机场进行了轮番轰炸，但日军不断修复，麦克阿瑟准备夺取新乔治业岛的蒙达机场，以便攻占拉包尔，他给这个计划取名为

“脚趾甲”。

盟军在南太平洋地区反攻时的主要任务，就是摧毁日军的俾斯麦群岛防线，攻占俾斯麦群岛的日军基地拉包尔。

由于人力和物力的限制，美国参谋长联席会议计划在 1943 年只对拉包尔形成包围。

由南太平洋地区的部队和西南太平洋地区部队在两条路线上同时进攻来完成这一重任。

1943 年初，盟军在南太平洋地区和西南太平洋地区部署了陆军 14 个师，包括 3 个澳大利亚师、1 个新西兰师。还有两个美国师正在朝这两个地区增援，另外 8 个澳大利亚师正在进行紧张的训练。这两个地区的盟军装备了约 2800 架飞机。

参照美国参谋长联席会议 1943 年 3 月底规定的作战任务，南太平洋部队的作战任务是从所罗门群岛向北进发，攻占布干维尔岛，在布干维尔岛建立机场，保障轰炸机在战斗机的护航下对拉包尔发动大规模的轰炸。

因此，南太平洋部队必须拿下进攻路线的要地——中所罗门群岛，使日军无法以中所罗门群岛为屏障，从而使盟军的轰炸机和战斗机的作战半径向前延伸，以早日实现下一阶段的作战任务。同时，这样做能够支援西南太平洋部队，由两侧对拉包尔形成包围之势。

南太平洋战区（司令哈尔西）与西南太平洋战区（司令麦克阿瑟）的分界线在瓜岛的西面。在执行进攻中所罗门群岛的第二阶段任务时，南太平洋部队将在西南太平洋战区的范围内战斗。根据参谋长联席会议的规定，攻打所罗门群岛的作战由西南太平洋司令麦克阿瑟统一指挥。

4 月底，麦克阿瑟与哈尔西经过激烈的争论，终于达成了一致，制定了作战计划，准备对拉包尔发动向心进攻。具体作战计划为：哈尔西的部队从所罗门群岛发起进攻，麦克阿瑟的部队从新几内亚东海岸向新不列颠的西南部发动进攻。

美军士兵在一辆坦克的掩护下向日军进攻

盟军发动进攻的主要目标是新乔治亚岛、伍德拉克岛以及基里维纳岛。在新乔治亚岛、伍德拉克岛和基里维纳岛建立机场后，西南太平洋与南太平洋的部队将一同进攻，向西进攻新不列颠岛，再向东进攻布干维尔，破坏拉包尔日军的海上和空中运输线，解除拉包尔日军对日后西进菲律宾的盟军的威胁。

新乔治亚群岛在所罗门群岛的中部，与瓜岛相距 110 海里，是南太平洋日军的海空军基地。新乔治亚群岛一旦失守，新不列颠岛和北所罗门群岛的日军就完全暴露了。

所罗门群岛的重要岛屿新乔治亚岛上的机场和科隆班加拉岛上的机场，是日军在所罗门群岛的主要航空基地。瓜岛海战失败后，日军加紧在新乔治亚群岛修筑机场并且增调部队，准备阻止美军向俾斯麦群岛推进，更好地巩固日本在南太平洋地区的“绝对国防圈”。

新乔治亚群岛的日军有 2 个步兵团和 1 个海军警备旅，兵力为 1.1 万多人，主要分布在科隆班加拉岛（4000 人）和蒙达机场（4500 人）。岛上日军装备了 150 架飞机，17 艘舰船。

为了使新乔治亚群岛战役获得成功，美军集结了4个步兵师和2个海军陆战师，兵力为3.3万多人。海军部队拥有46艘舰艇，530架飞机。

为了掩护登陆部队的训练，同时加强登陆时的空中和海上打击能力，2月21日，美军第43师占领了拉塞尔群岛中的巴尼卡岛和帕武武岛，在岛上建立了机场、雷达站和码头。

1943年1月至6月，盟军多次出动飞机和舰艇轰炸日军的蒙达机场和韦拉机场，还出动7艘潜艇在赤道附近巡逻，割断日军特鲁克基地与新不列颠岛和所罗门群岛的海上交通线。盟军还在北所罗门群岛海域投放了大量水雷。

通过半年的艰苦训练，美军的战斗力得到了极大的提高。1943年6月21日和22日，美军出动两个营先后在新乔治亚岛东南端的谢基角一带偷偷登陆，计划从陆上绕道维鲁港，向新乔治亚岛发起进攻。

6月29日，美军登陆部队的主力从瓜岛启航，向新乔治亚岛扑去。美军准备分3个地点登陆，主要的登陆点是在伦多瓦岛的西海岸。

伦多瓦岛距离新乔治亚岛只有5海里，岛上的火炮能够炮轰蒙达机场。美军计划先占领伦多瓦岛，再从伦多瓦岛渡过海峡在新乔治亚岛登陆，攻占蒙达机场。接着，另一支小部队在距离蒙达机场16公里的新乔治亚群岛北岸登陆，割断日军的海上补给线。

同时，在新乔治亚群岛南部还有3个辅助性登陆地点。

6月30日，美军第3两栖作战部队的6000名陆军和海军陆战队员在伦多瓦岛登陆，消灭120名守岛日军。同一天，美军在其他地方的登陆也成功了。

7月3日，美军1个多团的官兵在新乔治亚岛的蒙达机场以东约10公里处的海滩成功登陆，没有遇到抵抗。7月5日，美军两个步兵团和陆战团的兵力在赖斯湾成功登陆，对蒙达机场构成了威胁。

为了守住新乔治亚岛，日军从拉包尔岛和布干维尔岛抽调了4个步兵

在“脚趾甲”行动中，盟军担任侦察任务的王鱼式水上侦察机

营共 4000 人，利用夜幕的掩护由驱逐舰送上新乔治亚岛。

7 月 5 日夜，日军出动的 4 艘驱逐舰与盟军的巡洋舰、驱逐舰遭遇，被迫返航。当夜，日军又出动 10 艘驱逐舰，运送 2000 人。在库拉湾，这 10 艘驱逐舰队与盟军的 3 艘轻型巡洋舰、4 艘驱逐舰发生激战。

日舰队击沉盟军 1 艘轻型巡洋舰，日军 1 艘驱逐舰也被击沉，日军另有 1 艘驱逐舰被迫搁浅。结果，仅有 900 名日军成功上岸。

7 月 12 日夜，日军出动 1 艘巡洋舰和 5 艘驱逐舰为 4 艘运兵的驱逐舰护航，朝新乔治亚岛的科隆班加拉岛驶去。在科隆班加拉岛东北附近海域，日运输舰队与盟军海军编队发生激战。日 1 艘巡洋舰被击沉，舰队司令官和 482 名官兵沉入太平洋。盟军也有 1 艘驱逐舰被击沉，3 艘轻型巡洋舰受伤，2 艘驱逐舰受伤。

渡过伦多瓦岛的海峡，在新乔治亚岛登陆的美国登陆部队因为没有作战经验，在岛上的丛林中向蒙达机场的进攻迟缓。

哈尔西为了防止新乔治亚岛战役变成另一场瓜岛之战，马上撤换了登陆部队的指挥官，向岛上增援了1个半师的兵力，命令海军和空军发动大规模的炮击和空袭。

7月25日，经过准备后的美陆军再次发动攻势。8月1日，美军先头部队经过长途跋涉来到机场边缘。经过4天的激战，8月5日，美军占领蒙达机场。大部分日军退守北边的科隆班加拉岛。

8月6日夜，日军的增援部队8个连，共1200人，分乘4艘驱逐舰到达韦拉湾，被美军6艘驱逐舰伏击。日军3艘驱逐舰被鱼雷击沉，900名日军葬身太平洋。另1艘驱逐舰逃跑。这次偷渡是日军最后一次向中部所罗门群岛进行的增援和补给。

哈尔西下令，不给日军以拼死一战的机会，封锁有10万多名日军的科隆班加拉岛。同时，攻占面积大但只有250名日军的韦拉拉韦拉岛，并在韦拉拉韦拉岛建立机场。韦拉拉韦拉岛与所罗门群岛最北部的布干维尔岛的距离仅为160公里。

美国战舰对新乔治亚岛的日军阵地进行炮击

日军从新乔治亚退守科隆班加拉岛后，即日夜抢修工事，准备与登陆的美军大战一场，以雪前耻。

8月15日，美军在韦拉拉韦拉岛登陆。27日，美军在阿伦德尔岛登陆。

日军指挥官佐佐木在科隆班加拉岛上久等美军不到，正心里犯疑，听说美军占领了韦拉拉韦拉岛，不禁大惊。这时，科隆班加拉岛陷入了孤立。

9月15日，日本统帅部命令东南支队放弃科隆班加拉岛，向布干维尔岛撤退。

9月29日，在日军海空军的掩护下，科隆班加拉岛的日军分批撤到布干维尔岛。10月9日，盟军占领了新乔治亚群岛。

在长达3个多月的新乔治亚群岛战役中，盟军付出了伤亡5000多人的代价，损失8艘舰只、141架飞机。日军伤亡2500人，损失19艘舰只、700多架飞机。

盟军跳取莱城

莱城曾经是一座强大的堡垒，经过盟军空军长时间的空袭以后，已经变成摇摇欲坠的孤城了。

1943年立夏，美国参谋长联席会议制定了反攻计划：在南太平洋部队从瓜岛发动进攻的同时，西南太平洋部队由巴布亚发动进攻，首先攻占萨拉马瓦和莱城，肃清休恩半岛的日军；攻占新不列颠岛；接着，向西北进军，占领新几内亚群岛西部地区，为向西进军菲律宾打开通路。

麦克阿瑟要求克鲁格尔指挥美军陆军部队攻占巴布亚半岛的伍德拉克岛和基里维纳岛，并马上在伍德拉克岛和基里维纳岛建立机场。麦克阿瑟下达给新几内亚部队的主要任务是，占领休恩半岛的莱城，再攻占休恩半岛东部的芬什港，顺着海岸线朝北进攻马当地区。攻占休恩半岛后，向东攻打新不列颠岛。

为了吸引日军的注意力，新几内亚部队决定首先对萨拉马瓦发动佯攻。麦克阿瑟要求采用空降、地面进攻和海上登陆三管齐下的战术，以减少人员的伤亡。

盟军在第7舰队的掩护下，于1943年6月30日凌晨，在萨拉马瓦、伍德拉克岛和基里维纳岛登陆。克鲁格尔指挥美军登陆部队，未发一枪就抢占了伍德拉克岛和基里维纳岛。美军马上修建跑道，建立机场。

在纳索湾登陆的新几内亚部队登陆后，兵分两路朝萨拉马瓦逼进。驻守莱城和萨拉马瓦的日军共1万人，但有40%以上是伤员，早已弹尽粮绝，被盟军孤立起来了。

不过，日军仍组织力量抵抗。新几内亚部队向萨拉马瓦的日军发动持续进攻，使日军疲惫不堪。为美军攻打莱城和休恩半岛的准备工作提供了宝贵的时间。

同时，盟军飞机由伍德拉克和基里维纳机场启程，在俾斯麦海上空进行巡逻，击沉了150多艘日军用来向莱城、萨拉马瓦和芬什港运送补给的运输船。

在盟军飞机的轰炸下，日军无法从海上运送援军和补给品。日军被迫从莱城抽调部队由陆路支援萨拉马瓦，结果莱城驻军减少了。

8月17日，盟军为了完全掌握制空权，出动航空队对日军设在新几内亚的韦瓦克机场发动大规模空袭，把机场上的200架日机击毁。结果，日军位于新几内亚群岛的航空兵部队被全歼。

1943年9月，在盟军反攻势如破竹、日军不断败退的情况下，日军统帅部终于发现，若想改变日军节节败退的不利状况，必须收缩半圆形的“绝对国防圈”。

9月30日，日本御前会议通过了《今后应采取的战争指导大纲》，规

美军海军航空兵战斗机群

定日本必须建立新的“绝对国防圈”，“绝对国防圈”环绕缅甸、马来半岛、苏门答腊、爪哇、新几内亚岛西部、加罗林群岛、马里亚纳群岛、千岛群岛。

日本御前会议的新决定，表示新几内亚岛群岛的大部分、俾斯麦群岛全部、所罗门群岛、吉尔伯特群岛和马绍尔群岛都不在“绝对国防圈”之内。日军希望集中力量把“绝对国防圈”建成牢不可破的防线。

莱城曾经是一座强大的堡垒，经过盟军空军长时间的空袭以后，已经变成摇摇欲坠的孤城了。日军被迫从新不列颠群岛的拉包尔派出少得可怜的飞机，进行远距离的空中支援。

9 月 4 日，澳大利亚第 9 师的两个旅、美军第 41 师的一部，共 8000 多人在浓雾的掩护下靠上了莱城以东 20 英里的海滩。这些不久前还在北非沙漠中打败了德军的老兵，这回是为了自己的祖国而战，更是满怀激情，斗志昂扬。他们还未等登陆艇减速，就跳进了齐胸深的海水中，勇敢地向日军设在海滩的阵地猛扑过去。

当天午后，澳军第9师就突破了日军的滩头阵地，由东向西直抵莱城日军要塞。

9月5日拂晓，美军西南太平洋战区空军的300多架飞机，压向莱城的纳德扎布机场。第二次世界大战中太平洋战场的第一次大规模空降作战开始了。

执行这次空降作战任务的，是刚从美国到达澳大利亚的第503空降团。由于第503空降团几乎都是由新兵组成的，再加上是头一次参加战斗，部队的士气至关重要。

为了使精心组织的空降作战取得最佳效果，麦克阿瑟曾经在莫尔兹比港的机场检阅过第503空降团。麦克阿瑟发现在很多士兵中，存在着胆怯感。

麦克阿瑟认为，这是合情合理的一种现象，第一次上战场，谁都会有害怕的感觉。长期的指挥经验使他相信，若他能与他们一起去迎接挑战，会使年轻的伞兵们更能得到心里慰藉。

麦克阿瑟想与伞兵部队一起到天上去，在飞机上指挥盟军攻打莱城。当麦克阿瑟向参谋们提出这个想法时，立即遭到了人们的强烈反对。一个60多岁的老头，怎么能像年轻人一样冲动呢？

可是，麦克阿瑟下达了命令，参谋们无法改变。

空降部队作战的时刻到了。冲在前边的轻型轰炸机轮番向下俯冲，扫射、投掷炸弹，还在机场上空投下了很多烟幕弹。

10时20分，96架美式运输机，运载着第503空降团的伞兵，飞到日军的纳德扎布机场上空。

这时，麦克阿瑟正乘坐专机，在运输机群的上空指挥空降。一架架运输机向外吐出朵朵大伞……伞兵手中的喷火器所喷出的火焰，像红色的怪物一样喷向日军。很快，地面机场上的空地被伞兵们完全占领了。

在空降行动中牺牲的美军空降兵

1700 名伞兵连忙和空降的澳军第 7 师一起修建飞机跑道。9 日，美军和澳军对莱城形成了夹击之势。

11 日，盟军向萨拉马瓦发动进攻，日军被迫向莱城溃退。第二天，盟军进驻萨拉马瓦。驻守莱城的日军，在盟军舰炮的强大炮火打击下和东西两路盟军的夹攻下，于 16 日向北面锡奥撤退。日军在逃跑途中，有 2200 多人病死、饿死。

盟军占领莱城后，下一个进攻目标是芬什港。芬什港是日军在新几内亚的重要基地，驻守芬什港的日军约有 4000 人。

9 月中下旬，一个澳军旅从莱城启航，向东航行，驶抵休恩半岛的东部，于 9 月 22 日拂晓在芬什港北面上岸。

日军本以为盟军会从陆上发动进攻，所以把主力部队部署在芬什港的南边和西边，北面只剩少数部队。澳军立即把北边的守军击退。10 月 2 日，澳军占领了芬什港，与从莱城赶来的美军第 23 旅会合。

日军撤往芬什港西北方约 15 公里处的高地上。10 月 11 日，日军第

20师主力从锡奥到达高地。日军用2个团的兵力发动进攻，占领了卡蒂卡附近的盟军阵地。

日军又派1个连从海上进行反登陆。在盟军猛攻下，日军于25日撤回高地。11月16日，澳军第9师向高山上的日军发动进攻，日军伤亡惨重。22日，日军向下山冲锋，23日、26日日军飞机近50架轰炸盟军。由于兵力太少，伤亡惨重，日军被迫于26日撤离高地，到达瓦列奥一带。

12月19日，日军发动多次进攻失败后，退守锡奥地区。在长达3个月的芬什港战斗中，日军死亡5500人。

第六章

布干维尔岛之战

锁定奥古斯塔女皇湾

奥古斯塔女皇湾与布干维尔的日军主要阵地相距较远，交通十分不便。

盟军的“瞭望台”战略计划的最终目标是占领拉包尔。盟军在新几内亚群岛打败日军后，盟军的重型轰炸机可以从蒙达机场、巴布亚岛机场起飞，轰炸拉包尔。从瓜岛起飞的重型轰炸机也可以中途在蒙达机场加油，再去轰炸拉包尔。

但是，盟军的轻型轰炸机和护航的战斗机仍需要前沿机场。布干维尔岛的机场可以作为前沿机场，盟军攻占了新乔治亚岛以后，兵锋直指布干维尔岛。

为了攻下布干维尔岛，需要攻占希瓦泽尔岛和肖特兰岛。据作战经验来判断，日军一定会用很多的兵力坚守机场，美军在肖特兰岛或者希瓦泽尔岛登陆会造成较大的伤亡，很可能像进攻蒙达机场一样，浪费大量的人力和物力。

美军曾经越过一些岛屿，直接在莱城登陆成功，证明“跳岛”战术是有效的。于是，哈尔西决定也跳过希瓦泽尔和肖特兰，把部队投向布干维尔岛——在布干维尔岛修建机场，作为轻型轰炸机和护航战斗机的基地。哈尔西的计划得到了麦克阿瑟的批准。

布干维尔岛东北部的基埃塔和西南部的奥古斯塔女皇湾是两个较好的登陆地点。

基埃塔和奥古斯塔女皇湾没有机场，那里的日军很少。以基埃塔和奥古斯塔女皇湾作为战斗机和轻型轰炸机的基地来支援来自蒙达机场、亨德森机场的重型轰炸机去轰炸拉包尔是很理想的。

基埃塔有个防风港，奥古斯塔女皇湾没有防风港。从地理位置上看，基埃塔比奥古斯塔女皇湾更有利于防御来自拉包尔的空袭。

要攻占基埃塔，必须取道较远的水道，必须先攻下希瓦泽尔岛。要攻占奥古斯塔女皇湾可以取道较近的水道，攻下它必须要先攻下特雷热里群岛，但比攻下希瓦泽尔岛容易多了。

最大的优点是奥古斯塔女皇湾与布干维尔的日军主要阵地相距较远，交通十分不便。日军组织兵力，夺回奥古斯塔女皇湾，至少需要几周的准备时间。

因此，盟军把目标锁定在奥古斯塔女皇湾。

尼米兹的进攻准备

11月1日，所罗门航空队的实力越来越强大了。

莱城战役惨败后,1943年9月30日，日本军部制定了“新作战政策”，主要是构筑新防线，重兵防守拉包尔。日本军部认为，美军可能会进攻肖特兰岛或者希瓦泽尔岛，从来没有想过美军会跳过其他岛屿而进攻布干维尔岛的奥古斯塔女皇湾。

古贺峰一决定用航空母舰舰队的舰载机支援拉包尔，要求舰载机与第11航空舰队的岸基飞机，联合轰炸盟军的补给线，遏制盟军的攻势，这就是“吕”号作战计划。这个新的作战计划太简单了，然而，由于古贺峰一犹豫不决，这个计划被耽搁了。

古贺期待着与尼米兹进行决一死战，相信日海军舰队一定能战胜美太平洋舰队。

为了迷惑日军，美军于10月5日至6日向威克岛发动了空袭。古贺把美军的这次行动认为是进攻威克岛的火力准备。侦察兵向古贺报告说，珍珠港停有4艘航空母舰，4艘战列舰，美军快进攻了。

其实，美军只是进行军事演习罢了。古贺把联合舰队由特鲁克开往埃尼威托克，准备与美舰队决一死战，结果等了一个星期，也没有发现美舰队，只好失望地返回特鲁克。

不久，古贺发动了“吕”号作战计划。

在努美阿和瓜岛举行的南太平洋会议上，尼米兹将布干维尔战役视为次要的“鞋带”计划。尼米兹正准备在中太平洋上顺着密克罗尼西亚群岛发起进攻，将调动很多兵力。

尼米兹认为古贺不会把日本联合舰队的主力放在北所罗门群岛，所以哈尔西只需使用好第3舰队就能使布干维尔登陆战成功了。

尼米兹还担心，把舰艇调给哈尔西，将无法及时调回供吉尔伯特群岛登陆战使用。

参加布干维尔登陆战的两栖兵力都得到了飞机和舰炮的火力支援。

盟军的第一步是轰炸拉包尔，第二步是对布干维尔机场进行轰炸。执行这些任务的是所罗门航空队，由美国的飞机和英国飞机组成。1943年10月，所罗门航空队对拉包尔进行了大规模的轰炸。古贺认为，拉包尔是盟军重点攻击的对象，连忙调集了很多战斗机前来防御。

盟军轰炸拉包尔是为了转移日军在布干维尔的兵力。接着，日军位于布干维尔的5个机场都遭到了轰炸。结果，日军的5个机场被彻底摧毁了。

如果不事先轰炸这些机场，登陆奥古斯塔女皇湾的盟军可能会遭受日机的轰炸。

拉包尔和卡维恩两处基地在美军的大规模轰炸后很快就修复了，可以随时对布干维尔的日军提供空中支援。11月1日，所罗门航空队的实力越来越强大了，能够在奥古斯塔女皇湾的上空提供有效的掩护，使美军的

一架 B-25 轰炸机轰炸日军占据的拉包尔新英格兰港

登陆部队在布干维尔的进展不会受到日机的轰炸和扫射。

另外，美海军战舰对航程能够到达布干维尔的日军各阵地进行毁灭性炮击，也对美军登陆的地点起到了隐蔽的作用。

虚虚实实的登陆战

美军为了迷惑日军，在登陆特雷热里群岛的同时，出动一支部队在希瓦泽尔岛登陆。

布干维尔特附近的特雷热里群岛拥有布兰奇港，攻下布兰奇港后，能够给雷达、鱼雷快艇和小艇提供基地。10 月 27 日，美军战舰和飞机攻击了布兰奇港后，登陆部队在布兰奇港的两边上岸。

特雷热里群岛的日军被打得晕头转向。日军在 25 海里外的肖特兰岛有个水上飞机和海军基地，他们直到美军登陆后才得到报告。

11 月 6 日，美军完全占领了特雷热里群岛，海军工程营于 11 月底建成一座机场，布兰奇港成为攻打布干维尔的重要的前沿基地。

一艘坦克登陆舰放下道板、打开舱门时，日军的一处没有被炮火击毁的发射点向登陆舰扫射。美海军工程营的一部推土机，举起推土铲冲向日军的发射点，把日军机枪手掩埋了。

美军为了迷惑日军，在登陆特雷热里群岛的同时，出动一支部队在希瓦泽尔岛登陆。

拉包尔的日军曾经猜到盟军将在奥古斯塔女皇湾登陆，但日军总部却认为肖特兰岛和希瓦泽尔岛是盟军的进攻目标，并根据这个判断对肖特兰岛和希瓦泽尔岛进行了重点防御。

为了防止日军的侦察飞机发现美军的真正意图，美军登陆舰队分别从不同的路线出发。美登陆舰队到达会合点后，连夜向布干维尔扑去。

美登陆舰队快接近奥古斯塔女皇湾了，弯弯的海岸后边是墨绿色的丛林，覆盖着许多山峦，时隐时现，看起来有些恐怖。

在海滩和山顶间，漂浮着大片的云雾。奥古斯塔女皇湾只有少量的日军，但离日军主要的海、空军基地拉包尔很近。奥古斯塔女皇湾离拉包尔只有 210 海里，但登陆部队很快建立了滩头阵地。

日军从拉包尔出发的飞机被美军的战斗机、舰队的防空炮火击退，日机损失很小。

夜晚，日海军第 5 巡洋舰分队，护卫搭载 5 艘驱逐舰的 1000 名日军准备登陆布干维尔岛。

由于 5 艘驱逐舰没有及时到达，而且发现了停在奥古斯塔女皇湾的大量美军舰艇，日军指挥官决定攻击美军的运输舰。

11 月 2 日，在奥古斯塔女皇湾以南 19 海里处，美军梅里尔海军少将的第 39 特遣舰队与日海军遭遇，双方旗鼓相当，由于指挥有效，第 39 特遣舰队在没有空中支援的条件下击退了前来空袭的日机群。

梅里尔的第 39 特遣舰队拖住了日舰队，使正在登陆的登陆部队免受攻击。返回拉包尔后，日军指挥官被免了职。

在布干维尔的登陆部队受到在特鲁克的 6 至 8 艘日海军的重巡洋舰的威胁，在 48 小时内可能发动进攻。这次，“萨拉托加”号和“普林斯顿”号航空母舰负责掩护登陆部队。

哈尔西准备死战

航母群防空十分成功，日机损失惨重。

日本联合舰队司令古贺峰一听说美军在奥古斯塔女皇湾登陆后，马上命令在拉包尔的第 5 巡洋舰分队，攻打美军登陆部队。

古贺命令南下的舰群包括第 2 舰队的 7 艘重巡洋舰，它们的舰员大部分是老水手，作战经验丰富。南下的舰群从特鲁克驶向拉包尔，沿途受到美军飞机的空袭，但共有 19 艘舰艇安全地到达拉包尔。

得到报告后，哈尔西感到大事不妙！南下的日舰群对奥古斯塔女皇湾登陆部队的威胁最大，梅里尔的第 39 特遣舰队根本不是日重巡洋舰的对手。这时，哈尔西没有主力舰，无法对付日海军的重巡洋舰。

这时，太平洋舰队的主力舰正在炮击吉尔伯特群岛。这时，谢尔曼少将的第 38 特混编队在哈尔西的指挥下。第 38 特混编队以“萨拉托加”号和“普林斯顿”号航空母舰为主力，是从尼米兹那里借来的。

这时，“萨拉托加”号和“普林斯顿”号航母正在瓜岛南部加油。哈尔西从没有考虑过用两艘航母去对付拉包尔的日舰队，现在他只有这两艘航母可以利用了。他决心赌一次，命令“萨拉托加”号和“普林斯顿”号航母向拉包尔的日舰队驶去。

哈尔西想炸沉在拉包尔集结的日舰队，他估计可能会失去“萨拉托加”号和“普林斯顿”号航母。

为了尽快赶到指定海域，美第38特混编队以27节的高速航行。海上风平浪静，天空有云层笼罩。如果风浪太大，护航的美驱逐舰的速度达不到27节；如果天上无云，可能被日军侦察机发现。

事实上，第38特混编队早就被日军侦察机发现了，但误以为是重巡洋舰编队。11月5日天亮后，第38特混编队到达指定海域，风速2至3级，适合飞机起飞。两艘航母上的飞机立即飞向拉包尔，所罗门航空队负责掩护两艘航母。

这是一场空中激战，执行轰炸任务的飞机只损失了几架。虽然没有击沉任何一艘日重巡洋舰，但日舰都受到了重创，使第2舰队无法战斗。日重巡洋舰纷纷撤离拉包尔，不敢露面了，布干维尔就受不到重巡洋舰的威胁了。

但是，拉包尔与特鲁克的海上交通线畅通无阻，重巡洋舰很难在短时间内修好。

这时，吉尔伯特登陆战快开始了，尼米兹已经没有兵力支援哈尔西了。

但哈尔西无力同时在一两天内对拉包尔进行连续空袭，因为这比用同样的力量在一周内进行空袭更加有效。

哈尔西向尼米兹要两支航母特混大队来支援布干维尔岛的登陆部队。尼米兹把“埃塞克斯”号、“邦克山”号新航母和“独立”号轻型航空母舰派来支援。

11月5日，替“埃塞克斯”号、“邦克山”号新航母和“独立”号轻

美国“邦克山”号航空母舰

型航空母舰护航的军舰都被派去支援威金逊少将的托罗基纳角登陆了。等凑够了护航军舰后，它们的空袭被推迟到了 11 月 11 日。

11月 11 日，下起了雨。3 艘航母上的飞机飞向拉包尔，执行空袭任务。在飞过圣乔治角时，与日军的 68 架战斗机遭遇。美机一边躲避战斗机和防空炮弹，一边轰炸港内和海峡内的目标。由于受到日机的攻击，影响了美机的攻击力，结果轰炸的效果很糟糕。

3 艘航母在防御日军随后的报复性轰炸时，没有散开而是靠拢起来，形成 1800 米的圆圈，再以 9 艘驱逐舰配置在半径 3600 米的圆圈上。航母群防空十分成功，日机损失惨重。美军损失了一艘巡洋舰，两艘航母和 3 艘舰船受轻伤。

3 艘航母在收回舰载机后，立即撤到日机的作战半径以外。日军侦察机沿途监视着美舰，因燃油不足而返航。

回到拉包尔以后，日军担心位于拉包尔的舰船遭到美轰炸机的攻击，便将巡洋舰和驱逐舰撤到特鲁克基地，并出动中型轰炸机去报复美军航母编队。

日中型轰炸机没有找到美航母，却找到了梅里尔的巡洋舰，日机损失很大。

哈尔西不断发起的空袭没有影响到从拉包尔至特鲁克的海上交通线，但对布干维尔登陆却意义重大：减轻了日军对布干维尔的登陆部队的压力，又削弱了日航空母舰舰载机的实力。

古贺发现航空母舰舰载机在不到两周的空战中损失了50%的战斗机、85%的轰炸机和90%的鱼雷机。

古贺连忙把航空母舰从拉包尔撤离，从马绍尔群岛调来的一小批性能较差的飞机和技术较差的飞行员支援拉包尔，这对美舰队来说是件好事。

美军强化防御阵地

在进行小规模战斗的同时，部队、物资和装备正在被快速地运输上岸。

美军的登陆部队占领了登陆场以后，重点工作是强化海滩防御，肃清托罗基纳角的日军残余力量，把防御阵地向岛上延伸。

当后续登陆部队不断登陆的时候，美军与岛上的日军的战斗并不激烈。由于重武器的大量运用，登陆场不断地扩大，向岛内不断地延伸，海军工程营在登陆场内修建了战斗机机场。

布干维尔岛的日军司令部一直以为，布卡是美军真正进攻的目标，而在托罗基纳角的登陆只是暂时的。

在登陆的过程中，美军使用了很多坦克登陆舰，这在南太平洋的登陆作战中还是第一次。另外，美军还使用了许多新型坦克和新式装备。

坦克登陆舰是用来运输坦克的，可是这些长100多米的登陆舰不装坦克。它们用来搭载运兵舰、货船、军火驳船、修理船、海上救护船等。

开始时，坦克登陆舰曾经被用来运输坦克，后来，有了船坞登陆舰以后，美军发现装好坦克的机械化艇出入船坞登陆舰十分方便，所以，美军就不用坦克登陆舰来运输坦克了。

坦克登陆舰用来搭载坦克和汽车，打开舱门后，道板放在海滩后，坦克和汽车开上海滩，登陆的速度是很快的。在太平洋，坦克登陆舰是用来搭载物资而不是坦克。

如果把物资都预装在汽车上，每艘坦克登陆舰装的物资就少了。美军常用的办法是把笨重的物资装在里面，留下一点空间给几辆预装物资的汽车，几辆汽车上岸卸下货物后，再开回舰上重复装卸。

如果靠人力搬运，那么坦克登陆舰所装的物资比预先装在卡车上多 4 倍，但搬运的时间却至少少 8 个小时。

为了使装载量和卸载时间达到理想状态，美军把物资预先装在挂车上，在登陆时由汽车牵引。每艘登陆舰能够装载 33 辆挂车，保证了装载量，而且挂车提高了装卸的速度。

挂车可以停在岸上等待士兵来卸下，在下一次卸载完毕后，把空车带到登陆舰上。当坦克登陆舰在遇到有空袭的海岸时，经常采用这种比较安全的装载法。

在进行小规模战斗的同时，部队、物资和装备正在被快速地运输上岸，11 月 14 日，共 3.3 万人和 2.2 万吨的物资和装备在奥古斯塔女皇湾登陆。

达到了战役目的

1943 年 12 月 25 日，布干维尔岛上的美军又修建了大型轰炸机机场。

岛上的日军总指挥是今村均大将，他认为美军在托罗基纳的登陆只是暂时，以后一定会集中兵力攻打布卡。他没有组织布干维尔岛南部的 15 万日军反攻，却把主力调到岛北面的布卡。

11 月 25 口，美军占领托罗基纳河西岸的山头。这些新阵地和美军外围防线之间有一条沼泽。美军在深深的污泥中挣扎。有刺的蔓草把衣服和皮肤划破。夜晚，美军把枪挂在树干上，人站在深过腰部的泥水中休息。

一天前进 300 米已经疲惫不堪了。而美军先头部队仅靠 124 辆履带登陆车运送食物、水和弹药。

这时，最重要的事情是修建机场，由 8 个海军工程营和 1 个新西兰工程旅负责，少数陆战队工程人员也参加了修建工作。在沼泽地上修建机场很困难，推土机经常陷入泥水中。

机场是沼泽地中唯一的干地，许多人到机场上休息，影响了机场的修建进度。12 月 10 日，机场终于修建完毕，一些飞机降落了。17 日，这个

高空飞行的美军俯冲轰炸机机群

机场被用来为轰炸拉包尔的飞机中途加油。

日军军官们在拉包尔争论着美军到底要干什么？是坚守托罗基纳角还是向岛上进攻？布干维尔岛上的今村认为美军会向布卡进攻，因此他围绕布卡建立了防御环。

12 月 15 日，日本海军劝今村对美军的防御阵地采取反攻，今村组织了一些反攻，但都被击退，前去轰炸的日军飞机也损失惨重。

但日军炮兵给美军造成的损失很大，日军的炮兵阵地设在一些山头上。后来，美军出动鱼雷机把日军的炮兵部队炸跑了。

1943 年 12 月 25 日，布干维尔岛上的美军又修建了大型轰炸机机场。这样，布干维尔战役的目的达到了。

封锁拉包尔

日军在拉包尔的基地一天天地被削弱。

1943 年 8 月，美英联合参谋长会议在魁北克召开，会议批准了美国海军总司令金海军上将的建议，决定对拉包尔进行孤立，而不是攻占。今后盟军将利用布干维尔岛的机场，不断地空袭拉包尔，使拉包尔的军事设施完全瘫痪；而西南太平洋部队负责突破的俾斯麦群岛为基地的日军空中防线和海上防线，趁机占领较远的阿德默勒尔蒂群岛。

阿德默勒尔蒂群岛拥有广阔的平地，能够修建机场和空军基地，阿德默勒尔蒂群岛的锡阿德勒港比拉包尔日军的辛普森港还要优良。

1943 年 12 月底，盟军航空队连续发起攻势，日军在俾斯麦群岛的整个防线陷入崩溃的绝境。麦克阿瑟派美军在新不列颠岛登陆。麦克阿瑟希望在盟军通过“勇士号”海峡向西进攻以前，盟军控制海峡两岸，保障海上交通线的安全，避免遭到日军飞机或水面舰艇的攻击。

1943年12月15日，麦克阿瑟派一支陆军部队在新不列颠岛的阿拉威空军基地登陆。

格罗斯特角在新不列颠岛的西北端，与东北端的日军重要基地拉包尔互相支援，盟军控制了格罗斯特角，就能与在布干维尔岛登陆的南太平洋部队对拉包尔形成夹攻之势，堵住拉包尔的13.5万名日军的逃生之路。

驻守格罗斯特角的日军约有1万人，主要部署在吐鲁布机场。

1943年12月26日晨6时，2艘美军巡洋舰和8艘驱逐舰到达格罗斯特角附近海域，朝日军的阵地发动强大的舰炮轰击。

7时46分，美军登陆部队在格罗斯特角东北和吐鲁布机场西南成功登陆。日军组织轮番反攻，都被美军击退。当天，拉包尔日军飞机向登陆的美舰队空袭。1艘美驱逐舰被击沉。美军飞机击落、击伤几架日机。

从27日起，拉包尔日军飞机在盟军飞机的连续空袭下，无法起飞。向前推进的美军登陆部队遭受热带丛林沼泽和暴风雨的阻挡，直至29日才占领了吐鲁布机场。

1944年1月3日，日军集中兵力反攻机场，一度占领了机场附近的1个高地，由于弹尽粮绝，于23日退守新不列颠岛东端。盟军趁机攻占了新不列颠岛西部，堵住了10多万日军的退路。

盟军在瓜岛和新几内亚接连取胜后，正在准备第2阶段的大反攻：进攻拉包尔。

尽管麦克阿瑟与尼米兹在指挥权的问题上争论不休，不过两人都发现，单靠海军或陆军的力量无法战胜拉包尔的日军。

为此，美国联合总参谋部制定了一场小规模的进攻计划。这个进攻计划的代号为“硬币行动”：在麦克阿瑟率领陆军由新几内亚岛北上时，哈尔西率领海军从所罗门群岛北上，陆海军一同进攻布干维尔岛，使拉包尔的日军防不胜防。

被美军轰炸机炸沉的日军运输船

当盟国陆军准备进攻时，日军决定进行死守。日军非常清楚，新几内亚岛是双方在这一地区争夺的战略要地。日军决定抽调第 51 师团，增援这一地区的日军。

1944 年 2 月底，8 艘运输船运载 6000 名日军由拉包尔启航，前往新几内亚。3 月 1 日，美军的一架侦察机发现了日军的运输船队，美军马上派轰炸机前去轰炸日军运输船队。

美军第 5 航空军的飞行员掌握了低空“跳弹轰炸”技术，在轰炸中，炸弹像石片一样跳过水面轰炸敌舰。此战证明，这种“跳弹轰炸”方法的威力很大，美军轰炸机炸沉了 8 艘运兵船。只有 100 名日军侥幸游到新几内亚的海滩上。

日军在太平洋上完全失去了战争优势，日本脆弱的经济基础无力与实力雄厚的美国相抗衡。军队数量上占绝对优势的盟军装备了很多新式武器，在与日军的战斗中占有绝对优势。

早在 1942 年底至 1943 年初，美国的“闪电”式战斗机和“海盗”式战斗机就已经在太平洋上空称雄，性能远远超过日本的“零”式战斗机。

美军还拥有数量庞大的为登陆作战而制造的登陆舰。这些登陆舰包括水陆两用坦克、水陆两用车。水陆两用坦克能够装载 2000 磅的货物，水陆两用车能爬出波浪，冲上海滩。

日军在拉包尔的基地，一天天地被削弱，这个曾经一度坚固的据点，现在已越来越变得软弱无力了，已经走到濒临灭亡的地步了。

第七章

西西里岛之战

“赫斯基”计划

出于对共同事业的忠诚，艾森豪威尔批准了蒙哥马利的大规模登陆计划。

1943年，交战双方的力量对比发生了巨变。在苏德战场，伟大的斯大林格勒战役于2月初结束。轴心国方面损失150万军队、3500辆坦克、12 000门大炮和3000架飞机。苏军转入战略大反攻，德军无力抵抗。在北非战区，在美英军队的步步紧逼下，德意军队损失惨重，被迫于1943年5月13日宣布投降。

盟军进攻西西里的作战代号为“赫斯基”。该战役的作战计划早在1943年1月就已开始制定。

4月23日，蒙哥马利给亚历山大发了一份很长的电报，指出第8集团军必须在锡拉库萨和南部的帕基诺半岛之间登陆。

4月29日，盟军在阿尔及尔举行会议。在会议上，蒙哥马利提出一个新的计划。根据这个新的计划，美国第7集团军应改在南部的杰拉一带登陆。而第8集团军则仍在蒙哥马利原来主张的地方登陆。尽管蒙哥马利的计划是可行的，但它却把美军降低为次要角色。

1943年5月12日，突尼斯战役胜利后，在罗斯福和丘吉尔的主持下，盟军联合参谋长会议在华盛顿召开，目的是根据地中海战区、东线苏联战区和太平洋战区的大好局势，确立盟国的新战略。

会议最终决定，攻打西欧的行动，即“霸王”计划（登陆诺曼底）定于1944年5月1日实施；在意大利西西里登陆的时间定于1943年7月10日。登陆成功后，盟军将发动新的攻势，击垮意大利，使意大利退出轴心国。但美国提出了一个条件，即西西里登陆作战只能出动地中海的盟国部队，还要从中抽调 7 个师撤回英国，以为日后“霸王”行动使用。

英国则向美国保证，一定参加 1944 年 5 月 1 日实施的“霸王”计划。盟国已经做好了准备，西西里岛战役快开始了。

为了发动登陆战役，盟军组建了第 15 集团军群，总司令是英国的亚历山大将军，下辖英国第 8 集团军（蒙哥马利）和美国第 7 集团军（巴顿），总兵力达到 47 万人。

英国海军上将坎宁安出任盟军海军总司令，拥有战斗舰艇和登陆船只 3200 艘。英国空军中将特德指挥空军，拥有 4000 多架飞机。盟军统率艾森豪威尔将军出任总指挥。

具体计划的制定者们认为，西西里战役的成功依赖于 3 个因素：制海权、制空权和夺取港口。由于英国海军早就在地中海夺取了制海权，第一个因素拥有了。最大的难题是第二个因素，盟军飞机能够利用的唯一地点，是位于利卡塔和锡腊库扎间的西西里东南角沿岸。那里的 3 个港口，无法满足大批盟军部队对物资的需要。

美军参谋们提出，首先应该攻占西西里岛上那些盟军飞机能提供空中掩护的海滩，先修筑机场，扩大飞机的掩护范围。在这些任务完成以后，登陆部队的主力再在巴勒莫和卡塔尼亚的主要港口附近登陆。

这一计划遭到了蒙哥马利的强烈反对。他指出，这样做，增援的德军很可能歼灭兵力分散的盟军小股登陆部队。亚历山大和蒙哥马利主张盟军飞机能够提供空中掩护的某一地区，发动大规模的登陆。至于后勤问题，英国海军认为，由于拥有了大批新式坦克登陆舰和几百辆水陆两栖卡车，进攻的登陆部队能够在 3 个港口的支援下，通过西西里岛的海滩登陆场进行有效的补给。

蒙哥马利是一位优秀的军事统帅，但性格古怪，心胸狭小，总是追逐荣誉。蒙哥马利看到，巴勒莫是块宝石，一旦巴顿占领了巴勒莫，就会获得巨大的荣誉，或许会使自己的战绩受到影响。

蒙哥马利阻止巴顿夺取巴勒莫，他的方案实际上使巴顿的美军陷入更难的境地。美军登陆的滩头非常暴露，还有沙洲障碍，而且，美军只有一个小港可供补给，这会给补给工作带来巨大的困难。蒙哥马利将要占领的是锡腊库扎、卡塔尼亚、墨西拿等城市。而美军只能占领杰拉、利卡塔等小镇。

蒙哥马利的作战方案既不公平又有不可告人的目的，遭到了众人的反对，就连英国海军上将坎宁安、空军上将特德等人也表示抗议。

出于对共同事业的忠诚，艾森豪威尔批准了蒙哥马利的大规模登陆计划。

巴顿对此感到气愤而厌恶，但也接受了这一事实。因为巴顿渴望参加战斗，特别是一场大规模登陆战役更是他渴望的。其次，巴顿十分敬重艾森豪威尔，他知道，自己的今天是与艾森豪威尔的扶植是分不开的，因此他不愿意公开违抗艾森豪威尔的意志。

艾森豪威尔（前排中）与巴顿（左二）等西点军校毕业的名将合影

蒙哥马利又提出，英军与美军在战斗中需要相互的直接支援，其后勤需要相互帮助，需由一位集团军司令和一个联合参谋部负责。显然，蒙哥马利想指挥美军。

艾森豪威尔不肯同意，不想让英国人把荣誉都抢走。他认为，美军已经屈居辅攻地位了，再也不能失去独立性了，那样做会严重挫伤美国官兵的自尊心。

计划规定：突击部队分为东线的英军和西线的美军，英军在西西里岛南部登陆，美军在东南部海岸登陆。上岸后迅速向北发动进攻，从而夺取西西里岛。运送两支登陆部队的海军舰队是美国休伊特海军中将率领的西部特混舰队和英国拉姆齐海军中将率领的东部特混舰队。

西部海军特混舰队运载美军登陆部队，分成3个编队，负责在西西里岛东南部杰拉湾海岸长达60公里的海滩上强行登陆，占领利卡塔港、杰拉港和斯科利蒂渔村，作为登陆场。

东部海军特混舰队运载英军登陆部队，分为4个编队，占领西西里岛南部的帕基诺半岛和诺托湾沿岸。英军的登陆正面长达160公里，英军面临着巨大的挑战，同时是第二次世界大战中界面最宽的一次登陆战。

参加登陆的部队共47万多人，美军和英军各占一半。美军拥有580艘舰船和登陆舰，搭载1124艘登陆艇，由比塞大港以西的北非各港口出征；英军拥有818艘舰船和登陆舰，搭载715艘登陆艇，从东地中海和突尼斯出征。

另外，英海军出动6艘战列舰、2艘舰队航空母舰、6艘轻型巡洋舰和24艘驱逐舰组成掩护舰队，由英国海军中将威利斯率领，以防止意大利海军给登陆舰队造成巨大的威胁。登陆时间定为1943年7月10日凌晨2时45分。

5月19日，亚历山大将军下达作战指令，把西西里战役分成5个阶段：第一阶段，海空军摧毁德意的空军部队和空军基地，夺取制空权。第二阶段，在空降兵的支援下，于拂晓前发动两栖突击，保证海岸机场、利卡塔港、锡腊库扎港的登陆阵地。第三阶段，扩展阵地，以阵地为跳板攻占奥古斯塔、卡塔尼亚和杰比尼的机场。第四阶段，攻占以上地区。第五阶段，占领整个西西里岛。

亚历山大将军要求英军全速向墨西拿推进，并控制墨西拿海峡，切断西西里岛德意军队的海上补给线。

同时，美军保护英军翼侧的同时攻占重要的机场，英军和美军发动机动战，使德意军队在埃特纳火山附近陷入包围，防止德意军队逃回意大利。

为了使德国和意大利相信盟军的主攻目标是希腊，第二进攻目标是撒丁岛，盟军散发了假情报，把一具带有伪造文件的“马丁少校”的尸体放在西班牙海岸。伪造的文件落入德国间谍手中。

德国最高统帅部收到文件，没有经过认真的分析竟相信盟军会在撒丁岛或者希腊登陆，结果德军装甲师和鱼雷舰艇被调往撒丁岛和希腊了。对此，隆美尔气愤地说：“只有傻瓜才不知道盟军下一步的进攻目标是西西里岛！”盟军登陆舰队在航行时没有从北非直接驶往西西里岛，而是绕行邦角改向南再向西西里岛驶去，以迷惑德国和意大利。

在德国最高统帅部，对地中海战略问题存在着严重的分歧。隆美尔认为，兵力较少的德军无法依靠意军，盟军一旦发动攻势，德军应该立即撤离撒丁岛、西西里岛、希腊以及比萨—里米尼一线以南的意大利领土，集中兵力投入苏德战场。

德军南线总司令凯塞林空军元帅强烈反对，他不想把意大利的空军基地让给盟军，这样，德国的工业区和罗马尼亚油田会暴露在盟国空军面前。凯塞林认为意大利军队是爱国的，只要提供少量的德军部队及大量的装备，意大利军队会英勇作战的。

希特勒采纳了凯塞林的主张，不想放弃意大利领土。希特勒下令向意

北非战场上的意大利装甲部队，相比德军装备明显落后

大利增兵，即增援 6 个师，使意大利的德军总数达到 13 个师。德国在撒丁岛重建了第 90 师，在西西里岛重建了第 15 装甲师，希特勒还向意大利南部增援了“赫尔曼 · 戈林”装甲师和第 16 装甲师。为了防止意大利军队叛乱，希特勒要求在危急时解除意大利军队的武装，迅速占领意大利。

驻守西西里岛的部队是意大利第 6 集团军，意大利老将古佐尼将军出任司令，下辖 8 个海岸师、4 个意大利机械化师和 2 个德国装甲师，总兵力为 27 万人（包括后来增援的 2 个德国师）。德军的埃特林中将控制着德国师。另外，德国空军元帅戈林也经常给“赫尔曼 · 戈林”师下令。

8 个意大利海岸师的装备十分落后，士气低迷，希特勒也对抵御盟军的登陆不抱什么希望。主要问题是 4 个意大利机械化师和 2 个德国装甲师该如何部署。凯塞林指出，在盟军登陆部队登陆时，守军应该把盟军歼灭在海岸附近。埃特林认为在确定盟军的主攻方向后，守军从中央阵地发起反攻，把盟军赶下海。

埃特林下令，机动师在直径240公里的西西里岛分散部署，盟军登陆后立即向盟军发动反攻。盟军佯装向特拉帕尼进攻的登陆计划取得了效果，埃特林进一步分散兵力，把第15装甲榴弹师调到了西西里岛西端，部署在西部的有两个意大利机动师。另外两个意大利机动师与“赫尔曼·戈林”师防守西西里岛东部。

当时，德军在西西里岛的兵力仅为2.3万人，后来，德军投入西西里战役的总兵力为6万人。

夺取海空权

盟军开始登陆时，已经完全取得了制空权和制海权。

登陆前的两个月内，盟军空军对意大利主要机场、港口、潜艇基地以及分布于西西里岛、撒丁岛和亚平宁半岛南部的工业中心，实施了连续空袭。到登陆战役开始前夕，这些目标都遭到重创，盟军空军取得了制空权。

根据盟军统帅部的计划，西西里登陆作战的第一步是攻占班泰雷利亚岛。

班泰雷利亚岛是意大利海军的飞机和鱼雷艇基地，地处突尼斯和西西里岛之间。

班泰雷利亚岛是德意“不沉的航空母舰”，日后会对盟军登陆构成巨大的威胁。再有，盟军的多数飞机的作战半径都很小，急于攻占班泰雷利亚岛，作为空军基地。

班泰雷利亚岛的面积很小，但海岸十分陡峭，可以供登陆的地段很少，再加上岛上的地形十分复杂，无法大规模登陆，而且无法空降。从全局角度来看，如果进攻班泰雷利亚岛的战斗失败，会降低盟军的士气。

丘吉尔承认，班泰雷利亚岛的军事价值很高，但它到底是一个小岛，岛上的意军人数顶多不超过 5000 人，但艾森豪威尔反驳道，岛上守军人数一定超过了 5000 人。

丘吉尔要求与艾森豪威尔打赌：“如果岛上守军人数超过了 5000 人，每超过一个人，赌注增加一生丁。”艾森豪威尔微笑着同意了。

兴致勃勃的艾森豪威尔亲自指挥盟军攻打班泰雷利亚岛，他发动了长达 10 天的大规模空袭，不让意军有睡眠和休息的机会。接着，艾森豪威尔出动 6 艘巡洋舰和 10 艘驱逐舰向岛上的守军开炮。

1943 年 6 月 11 日，盟军抢滩登陆，一举攻占班泰雷利亚岛。盟军只损失 40 名飞行员，却俘虏了 1.1 万多意军。

愿赌服输，丘吉尔掏了 65 法郎。

两天后，盟军又占领了附近的利诺萨小岛和兰皮奥内岛。这样，盟军占领西西里岛附近的所有岛屿，扫平了通向西西里岛的障碍，使盟军的西西里登陆战得到了保障。

盟军马上投入西西里战役的准备工作。空军部队立即进驻班泰雷利亚岛，加快修整和扩建空军基地。其他部队则开始登陆作战的战前准备。1943 年 5 月，意大利老将古佐尼来到西西里岛。他了解到，两个德国师具有顽强的战斗意志，但装备不足，兵力太少。意军虽然有 20 多万人，但只有 4 个师勉强算得上是机械化师，意大利部队的军事素质极差，装备低下。

古佐尼还发现，守岛意军大多数是西西里人，害怕作战。班泰雷利亚岛被盟军占领后，西西里人更感到必败无疑。在西西里人中间流行一种观点，认为抵抗越激烈，家乡的破坏就越严重，他们不想抵抗。面对西西里人，古佐尼将军企图唤起他们的斗志，但总是力不从心，只好放弃。

古佐尼的心情越来越沉重，他知道西西里岛的战略地位至关重要，西西里岛是意大利的重要门户，一旦西西里岛沦陷，意大利军队就会土崩瓦解。岛上意军的士气不但没有任何的提高，反而越来越低了。古佐尼看到，指挥这支军队，要想击退登陆盟军，那是绝对不可能的。

古佐尼将军不愿意不战而降，决心履行军人的神圣职责。古佐尼把希望都寄托在两个德国师、利沃德师和意大利增援的第 14 装甲师上。

古佐尼分析，盟军在西西里岛登陆的话，将在西西里岛东部和南部同时登陆，发动箝形攻势。古佐尼下令，罗兹的德军第 15 装甲师部署在西侧，负责抵御盟军在西部的攻势；库兰斯的德军戈林装甲师分成两支部队，较强的一支部署在距离杰拉约 32 公里的内阵，负责对付盟军在西部的攻势，较弱的一支部署在东部，负责坚守卡塔尼亚平原。意军的 2 个意大利师部署在南岸约 200 公里的正面上，其他兵力驻守在西北部，作为预备队，以应付意外情况。

古佐尼向部队下令，在盟军登陆时，所有的官兵必须抓住有利战机，猛烈地发动反攻，争取把登陆部队赶下海，否则，立即撤回内地与盟军决战。

有一个问题长期困扰着古佐尼，盟军什么时候登陆？自 5 月份以来，盟军的空军不断地对西西里海峡的岛屿上的机场进行轰炸，盟军占领班泰雷利亚岛以后，每天都可能是盟军的登陆日。由于没有制空权和制海权，古佐尼只能被动挨打。

德、意守军长期处在高度的戒备状态，神经快崩溃了。

自 7 月 3 日起，盟国空军向西西里岛、撒丁岛和亚平宁半岛南部的机场、港口、潜艇基地和工业中心发动大规模的空袭，炸毁很多目标，德、意空军部队被迫把基地撤回意大利北部。墨西拿海峡的 5 艘火车渡轮竟被击沉 4 艘，西西里岛与意大利的海上补给线多次被切断。盟军开始登陆时，已经完全取得了制空权和制海权。

1943 年 7 月 9 日下午，从北非各港口出发的盟军特混舰队分别到达

盟军登陆西西里

马耳他岛东面和西面的集结海域。海上刮起七级西北风给盟军的登陆行动带来了困难，登陆艇在汹涌的海浪中摇摇晃晃，连大型运输舰的舰首都经常隐没在海浪中。

盟军官兵们站在运输舰上，一股莫名其妙的恐怖感笼罩全身。晚 7 时，马耳他岛的风势缓和。

午夜，进攻的时间快来到了。巴顿将军站在“蒙罗维亚”号的甲板上，向西西里岛望去，走到全体军官们的面前，大声训话：“各位，当前的时间为 10 日零时 1 分。我奉命指挥美国第 7 集团军。它是午夜投入战斗的第一个集团军。你们要为参加这次行动而感到骄傲，你们的手中掌握着美国陆军的光荣和未来。你们值得取得伟大的信任。”

第7集团军启航了，运送他们的是3支海军分舰队。同时，蒙哥马利的第8集团军也启航了。根据预定计划，第7集团军在杰拉方向登陆，第8集团军在锡腊库扎方向登陆。

2000多艘军舰和运输船只，兵分两路，在夜色的笼罩下，在地中海上向西西里岛驶去。

西西里岛十分平静，古佐尼无法准确判断盟军的登陆时间，岛上的守军连夜高度警戒，官兵们已经十分疲劳。7月9日下午，正好刮起了大风，守军认为盟军今晚不会来了，于是放心地睡着了。

盟军空降作战

为了不让西西里守军的雷达过早发现，运输机编队低空飞行。

1943年7月10日凌晨2时45分，美军和英军分别在杰拉和锡腊库扎地区登陆。英军第5师于当天傍晚攻下锡拉库扎。在诺托湾登陆的英军第30军也稳住了登陆场。英军第一天占领了宽100公里、深10至15公里的登陆场。

美军并不那么幸运，美军在南部海岸的登陆受到了风和海浪的影响，再加上岸上敌人的抵抗顽强。不过，10日结束时，美军3个师的突击部队仍然登陆了，攻下杰拉，拥有3处各宽15公里、深5公里的登陆场。

岛上的守军没有料到，盟军会在这个鬼天气登陆，使盟军登陆部队占了便宜。

在舰载部队登陆之前，由英美空军部队实施了第二次世界大战中的第一次大规模空降。

正在盟军官兵源源不断地登陆时，为了支援海上登陆而发动的空降作战却很不顺利。在夜间让一大群飞机在自己的舰队上空飞行是危险的，即使事先告诫军舰不许开火也是如此。

空降作战根据“哈斯基”作战计划实施，美国第 7 集团军和英国第 8 集团军都在登陆前使用空降兵攻占登陆场，以保证登陆部队成功登陆。

根据“赫斯基”计划，自 4 月上旬起，参加作战的空降兵部队就在摩洛哥的乌季达地区进行了空降模拟演习。

为了空降成功，6 月 10 日夜晚，盖文上校和两名营长、3 名运输指挥官，坐飞机在西西里岛上空进行了侦察。通过细心地侦察，掌握了西西里岛的地形特点。

6月中旬左右，美国空降兵第82师和英国空降兵第1师从突尼斯出发。空降兵部队到达出发地点后，对伞兵的武器装备和物资装备逐一检查，对物资都过了秤，进行空投试验。

7 月 8 日傍晚，空降部队准备起飞。这时，天空晴朗，空降兵们士气高昂。

7 月 9 日晨，空降兵们醒来，风力在逐渐加大。他们忧虑地望着天空，渴望天气的好转。下午，风力达到七级。

就在盖文上校和希克斯将军感到不安的时候，他们同时接到了上级发来的命令：“天气会更坏，仍按计划执行。”

18 时 42 分至 20 时 20 分，在希克斯将军的率领下，英军空降第 1 旅 2578 人，乘坐由运输机编队牵引的 137 架滑翔机起飞了。

为了不让西西里守军的雷达过早发现，运输机编队低空飞行。由于云层过厚，风力太大，飞行员十分紧张，运输机在靠近西西里岛时没有按计划升高，在离海岸还有 2700 米的海面上低空解缆。137 架滑翔机在风中摇摇晃晃，有 69 架滑翔机坠入海中，10 架滑翔机失踪，其他的滑翔机着陆，有的被撞毁，有的远离登陆地点。

只有2架滑翔机在彭德格朗大桥附近着陆，空降兵立即整理队伍，向大桥冲去，干掉了守桥意军，占领了大桥，并且就地构筑工事。10日早晨，近100名空降兵赶到大桥支援。

7月9日20时45分，美军空降兵第一分队3405人，乘226架运输机出发了。

运输机在茫茫的夜空中向前飞行。为了防止发生碰撞事故，伞兵们穿上了海上救生衣。

机舱外什么都看不到，紧张的气氛充满了每个机舱。伞兵们等待着一场生与死的较量。

3个小时的飞行中，因为天气不好，缺乏经验的领航员使运输机编队散乱，远离预定航线，运输机群竟向西西里岛东岸飞去了。

飞近海岸时，伞兵们脱掉救生衣，背起降落伞。运输机群找不到空降场，又飞回海上重新寻找，反复多次，在高射炮火中盘旋1个多小时，8架运输机被击落，13架被击伤，3架返回基地，剩下的飞机于10日零时30分，把伞兵分散空降在20个地点。

美空降兵偏离预定登陆地点最远者达80多公里，空降散布面积很大。

美军空降兵着陆后，被大风刮到房子上和树上撞伤。降落到登陆地的人数不足500名，这些伞兵着陆后，占领丁尼塞米附近的一个十字路口。

盟军突击舰队到达预定登陆点，盟军在夜色的掩护下，第一批8个师在160公里长的海岸线上开始登陆。英军在锡腊库扎以南海岸登陆，美军在杰拉湾登陆。防守海岸的意大利部队忙着逃跑。

离海岸32公里的“赫尔曼·戈林”师，在第二天早晨赶到美军第1步兵师的登陆地点杰拉平原，准备歼灭美军。海滩十分拥挤，风浪太大，美军的坦克和大炮还没有运上岸。德军坦克歼灭了美军前哨，冲进沙丘地

美军伞兵降落后发起了冲锋

带。在这危急关头，盟军海军舰炮发射了猛烈的炮火，赶跑了德军坦克。另一支德军部队和一支虎式坦克连向美军第45师左翼发起的攻击也被粉碎。

在没有受到反攻的情况下，英军的登陆十分顺利。11日晚，盟军已经拥有纵深5至15公里的2个阵地，并不断向内地推进。这时，阻止西西里岛的27万德意部队逃往意大利，成为盟军重要的任务之一。西西里岛东北角的墨西拿，距离意大利本土只有5公里，是德意部队的唯一退路。

为了占领墨西拿，盟军必须赶在德意部队以前到达墨西拿。英国第8集团军向北进攻，12日攻占锡腊库扎港和奥古斯塔港。蒙哥马利下令从伦蒂尼地区向卡塔尼亚平原进攻，并决定在7月13日晚发动主攻。

蒙哥马利急于攻占的目标是锡美托河上的普利马索莱桥。为此，蒙哥马利派出了1个伞兵旅，与德军空投到后方的1支伞兵部队展开了激战。

由于第一次空降没有完成攻占杰拉东北高地和彭地奥里弗机场的任

务，巴顿下令，第二次空降于11日夜晚在法列罗机场附近降落。

美国伞兵第504团的140架运输机奉命起飞，保持了编队队形。前面的两个小队，于11日22时40分，在法列罗机场上空降成功。后续编队在西西里岛沿岸飞行时，遭到盟军海军舰队和盟军高射炮部队的射击，击落和击伤60架运输机。

巴顿跑到甲板上，看见高射炮正在射击美军运输机，但已经晚了，巴顿悲愤交加。美运输机队形被打乱，8架运输机掉头返航，其他的运输机把伞兵空降在法列罗机场以东地区。12日晨，第504团的部分空降兵和第505团的空降兵会师后，追上登陆部队一同进攻。

美军和英军这次在西西里岛的空降行动，出现了许多漏洞，但盟军空降部队在西西里岛上进行的空降作战在意大利部队中引起了普遍的恐慌，在瓦解意大利军队的抵抗方面，起到了重要的作用。

13日晚7时20分至22时，英军伞兵2077人和10门加农炮、18辆汽车，分乘135架运输机和牵引的19架滑翔机出征了。

这次空降，暴露了英军在空降作战方面指挥乏力，装备较差，飞行人员素质较低等弱点。

在越海飞行时，有2架运输机出现故障后返航。机群通过马耳他岛上空后，又有25架迷路后返回基地。剩下的运输机在飞过盟军舰队上空时，误被盟军舰队高射炮射击。运输机到达西西里岛上空时，德军高射炮也疯狂射击。英军运输机先后被击落14架。滑翔机被击落4架，着陆时撞毁3架，4架被德军地面部队击毁，1架在海上解缆后坠入大海，只剩4架滑翔机落在指定降落点。

空降险象环生，但空降兵们的素质很高。空降兵们向分散的同伴发出讯号。14日凌晨1时，有100多人会合了。这支空降兵部队向卜利马索尔大桥冲去，半路上与50名空降兵部队会合，于4时进攻大桥。

盟军在西西里岛的空降作战，是第二次世界大战开战以来盟军发动的规模最大的空降作战。盟军在西西里岛一共出动了 9816 名空降兵；出动 642 架运输机，出动 156 架滑翔机。人员伤亡高达 1500 多人，占空降人数的 15%以上。

这时，古佐尼确定了英军的主攻方向，立即下令德军向卜利马索尔大桥增援，尽量阻止英军向卡塔尼亚前进。

德意空军大反攻

盟军空军认为，既然已经掌握了制空权，就不用保护登陆部队和海上舰队了。

美第 45 师首次参战，登陆后陷入了混乱，但也向岛上推进了 8 公里，并继续推进。在英军的攻势面前，意大利军队不堪一击，陷入混乱。有些意大利军人简直窝囊透顶，几乎没有抵抗就投降了。

真正的战斗还在后面，就在盟军的空降兵和登陆部队在西西里岛东部和南部发动空降作战和登陆战时，身经百战的古佐尼被突然惊醒了。他立即稳定了情绪，自东部和南部来的敌情越来越多，摆在古佐尼面前的难题太多了，怎样稳住防线？怎样阻止盟军向纵深推进？怎样发动反攻，把盟军赶下海？怎样歼灭空降的美军？等等。

古佐尼沉思片刻，在现在一切战局还不非常明朗的情况下，不妨首先动用空军对盟军的登陆部队发动空袭，打乱盟军的登陆计划，迟滞盟军的进攻速度，这种空袭可以多次运用，连续进行。

古佐尼知道岛上的空军共有 350 架飞机，有作战力的还剩 209 架，分别部署在 12 个机场上，这是一股不可小视的力量，再加意大利本土飞机也会前来参战。古佐尼命令德意空军部队立即出击。

虽然，盟军夺取了制空权，但并不意味着就给盟军撑起了保护伞，制空权是相对的，这给德意飞行员增强了信心。

7月10日凌晨，天刚亮，德意空军的就开始进攻了。意机5次空袭在防御薄弱的海岸附近停泊的“莫拉”登陆突击队的舰船编队，炸沉了“哨兵”号猎潜舰。4时30分，来自意大利的13架高空水平轰炸机和来自撒丁岛的一支鱼雷飞机中队，共同攻击了在伍德霍尔地区登陆的盟军，炸伤“蒂尔曼”驱逐舰。

5时左右，1架德国轰炸机在西西里岛南侧炸沉一艘在该海域巡逻的“马多克斯”号驱逐舰，炸伤了“游行者”号潜艇。

为了增强突击力量，驻守在意大利的德、意飞机不断地来到西西里岛。德意飞机的作战半径都很小，都是首先飞到撒丁岛，在撒丁岛加油后，再去轰炸盟军的登陆舰艇。

上午8时30分，从盟军的巡洋舰上弹射起飞的4架海鸥式水上飞机，以两个双机编队的形式，在执行警戒任务。忽然，德军战斗机赶来，很快，3架英机被击落。10时左右，3架德军战斗机对正在架设浮桥码头的盟军坦克登陆舰发动轰炸，没有命中。

德军轰炸机还向杰拉附近的盟军护航运输队和海滩上的登陆部队进行轰炸和扫射，炸伤一艘驱逐舰，延缓了美军第7集团军的登陆时间。

黄昏，一架德国战斗机击毁一艘盟军的坦克登陆舰。傍晚，一架德军战斗机从太阳方向低空飞行，快速冲向一艘满载车辆、火炮、弹药和地雷的坦克登陆舰。一颗航空炸弹落在甲板上爆炸，引起了更大的爆炸，炸毁了火炮和车辆。

德意空军发动了更加猛烈的攻击，他们的攻击行动一轮紧跟一轮。

7月11日6时35分，12架意军轰炸机从撒丁岛起飞空袭盟军海上运输队。炸伤一艘运输舰，并使运输舰起火。中午，炸沉一艘盟军的军火船。15时40分，20多架德军轰炸机猛烈轰炸盟军运输舰，击沉一艘运输

德军斯图卡式俯冲轰炸机给盟军登陆部队造成了巨大伤亡

舰。傍晚，德机炸伤一艘在阿沃拉附近海域刚完成任务的运输舰。

面对德意空军的大规模空袭，盟军官兵们大声呼唤："我们的空军老爷哪去了？"

盟军空军认为，既然已经掌握了制空权，就不用保护登陆部队和海上舰队了。在这种战术思想的支配下，空军主要对登陆部队进行远距离的空中支援。这种做法导致盟军的登陆部队和海上舰队失去了空中支援。

在登陆舰队需要空军支援的时候，由于准备不足和引导有误，盟军的战斗机没有到达指定地域或者海域。

一次，一支有 32 架德机的机群飞抵盟军的登陆运输舰群上空，大肆空袭。一次，盟军空军出动战斗机在登陆运输舰群上空警戒，但战斗机一般只有 4 至 8 架，无法完成警戒任务。

盟军空军的错误战术，给德意空军带来了战机。盟军舰船受到德意飞机的狂轰滥炸，损失很大。

7 月 12 日，盟军空军加强了对南部和东部登陆部队的空中支援。12 日 9 时 30 分，南部盟军战斗机和高炮部队打退了敌机的空袭。

由于空中袭击的难度愈来愈大，德意空军只能集中兵力，发动重点进攻，才能收到理想的效果。因此，德意空军放弃南部美军的登陆部队，集中攻击东部英军的登陆部队。

7 月 13 日以后，德意轰炸机多次从意大利南部各机场起飞，对英军登陆部队还没有卸完的舰船发动空袭。炸沉了一艘驱逐舰和 3 艘运输船。

在西西里战役的大规模战斗中，德意空军的战绩不俗，但无法挽救德意军队在陆地战场上节节败退的局面。

西西里岛的形势逐渐恶化，希特勒进行遥控，德军的抵抗立即加强了。希特勒是通过凯塞林来遥控指挥的。

开始时，希特勒想把盟军赶走，可是由于战局的不利，希特勒决心把作战重点向东转移，以墨西拿为中心重点设防，在西西里岛西北部建立一个阵地，以便在形势无法逆转时，能够保证德军和意军安全地向意大利撤退。

这一防线是由赫布控制的，主要的防线是从卡塔尼经卡泰纳诺瓦·阿吉拉和尼科西亚到达东北海岸的圣斯特凡诺，还有两条是确保墨西拿稳定的预备防线。

可见，由于盟军的指挥失误，西西里战役变得越来越困难了。

蒙哥马利攻占卡塔尼亚的目的无法实现。为了实现英军在西西里岛战役中唱主角的愿望，蒙哥马利决定把进攻的重点向左移。这样做等于把美军用作一种翼侧护卫部队。蒙哥马利不顾巴顿的利益了。

兵抵墨西拿海峡

德军严阵以待，而盟军错失了良机。蒙哥马利的计划刚一出台就遭到了迎头一击。

埃特纳火山由群山和丘陵组成，矗立在卡塔尼亚平原的北面。埃特纳火山位于西西里岛的东南角。若想从南面或者西面接近和攻占墨西拿，必须经过埃特纳。

从地图上看，这一点是非常清楚的，但具体的作战计划没有把登陆成功后，英美军队怎样到达墨西拿的计划说清楚。

7 月 12 日，蒙哥马利给亚历山大发报说："我建议让我军向北移动，以便把西西里岛拦腰截断。"亚历山大同意了。

当亚历山大因把巴顿的美军排斥在主攻行动之外而生气时，蒙哥马利又来争功了。蒙哥马利认为，在断裂多山、地形状况不利的情况下，应该让英军优先使用可供使用的道路。可供盟军使用的公路只有两条，一条 114 号公路，另一条是 124 号公路。根据作战计划，114 号公路归英军，124 公路归美军。蒙哥马利准备抢用 124 号公路。蒙哥马利想通过 124 号公路迂回攻打驻守在卡塔尼亚平原上的德军。

为了抢占这条公路，13 日上午，蒙哥马利在没有经过亚历山大许可的情况下，命令英军顺着 124 号公路偷偷挺进。正在这时，美军第 2 军军长布莱德雷将军刚要使用 124 号公路。当天傍晚，美军发现了英军第 51 山地师。

达到目的后，蒙哥马利才把这一情况上报给亚历山大。当天午夜，亚历山大下达命令，要求美第 2 军把 124 号公路移交给蒙哥马利。

布莱德雷将军的美第 2 军离 124 号公路不足 1 公里了。在制定西西里战役计划时，美军被当成新军，没有在战役中担任主攻任务。这时，亚历山大又把美军派去保护英军的后方，让英军优先使用公路。

英军抢占 124 号公路时，趾高气扬，没想到，重新修改的作战计划仍没有给蒙哥马利带来好运。

根据亚历山大的命令，美军被迫撤回滩头阵地，这种浪费时间的作战计划，使德意军队有了足够的时间来组织防御力量。当天，希特勒下令增援西西里岛，阻挡盟军的攻势，坚守圣斯特风诺—恩纳—卡塔尼亚防线。

蒙哥马利为了把主力部队转移到美军的前面，至少浪费了两天时间。德军利用盟军的混乱，完善了防线的部署。一道阻击蒙哥马利的防线建成了。

德军严阵以待，而盟军错失了良机。蒙哥马利的计划刚一出台就遭到了迎头一击。

德军南线总司令凯塞林空军元帅伤心地看到，意大利人完全丧失了斗志，在敌众我寡的情况下，守住西西里岛是不可能的。希特勒知道后，亲自接管了西西里岛的指挥权，并下令："在大批意军被消灭后，只靠我军把敌军赶下海，是不可能的。因此，我们应该迟滞敌军的进展。"

为了迟滞盟军，希特勒向西西里增援了一些部队和坦克、重炮和飞机，把西西里岛的主力部队调到东岸中部的卡塔。并在尼亚城周围抵抗英军的进攻，同时德军后备部队布满直通墨西拿的东海岸路线上，积极支援作战，以坚持西西里岛通向墨西拿海峡的道路。

7 月 16 日，亚历山大给巴顿下令，墨西拿是蒙哥马利的目标，巴顿的任务是保护蒙哥马利的侧翼和后方，使蒙哥马利在任何情况下都不出现危险。巴顿气得暴跳如雷，但他不得不考虑下一步究竟该怎么办。

布莱德雷生气地说："这证实了我在战役前的疑虑，只有英军才被允许进攻墨西拿。"

蒙哥马利和艾森豪威尔眺望墨西拿海峡对面的西西里岛

按照亚历山大的命令，美军只能进攻岛上力量较弱的敌军。美军只能占领一些小山，俘虏一些当地农民和无精打采的意大利军队士兵。亚历山大的命令极大地伤害了美军官兵的自尊心。

在亚历山大的支持下，蒙哥马利从巴顿手中抢走了宝贵的公路，以便趾高气扬地进攻墨西拿，还不准许美国向巴勒莫推进。

后来，巴顿与蒙哥马利一起谈论这件事，巴顿抱怨他受到了不公正的待遇。蒙哥马利笑着说："乔治，我给你出一个主意。如果亚历山大将军给你下达了你不喜欢的命令，那么你别理它。"蒙哥马利竟会说出这样的话，巴顿感到惊讶。

亚历山大和蒙哥马利的做法，引起了美国军界的反感。美国军界认为，英军将获得一等奖——墨西拿，而美国人连二等奖（巴勒莫）也不准夺取。

7月17日，希特勒下达了命令："我们不指望能守住西西里岛。重要的是拖延敌军，以为稳定欧洲大陆的局势争取时间。最重要的是不能让一个德国师遭受损失。"不久，德军又得到第29装甲榴弹师和休伯将军的第14装甲军司令部的支援，德军的任务不是保卫西西里岛，而是发动阻击战，保障主力部队撤退。

因此希特勒出动德军精锐部队在埃特纳地区阻击英军，德军其他部队向北面和东面撤退，退守墨西拿海峡。

德军在卡塔尼亚南部平原顽强阻击，英军的攻势严重受阻。英军主力被迫向西转移，兵分两路发动攻击：英第13军攻打卡塔尼亚，第30军从西绕过埃特纳火山发动进攻。亚历山大命令美军第7集团军掩护英军的翼侧，可是，英军主力的向西转移，再次挡住了美军的前进步伐。

由于英军行动迟缓，德军占据了有利地势，凭险固守。蒙哥马利发现，英军第13军沿11号公路向北推进，尽管通过了卡利马索尔大桥，但在卡塔尼亚以南遭到德军的疯狂阻击，英第30军沿124号公路迂回进攻，但由于德军凭险固守，在阿诺拉地区无法前进。

为了取得胜利，7月21日，英第13军在卡塔尼亚转入防御；第30军在发动进攻，争取摧毁德军防线，摆脱不利的局面。英第30军的进攻遭到惨败，伤亡很大。蒙哥马利下令把第78师从北非调到西西里岛，以增援第30军继续作战，但第78师最早也要到月底才能赶到。

英军停止了进攻，德军趁机加固防御工事，调兵加强了防线，使防线更加坚固。蒙哥马利攻不下防线了。

就在英军伤亡惨重时，巴顿笑着给海军的埃弗雷特·休斯将军写了一张便函："咱们的表兄弟们被打得屁滚尿流。"

就在蒙哥马利在德军的防线面前无计可施的时候，巴顿认为如果让美军去攻打巴勒莫，美军一定能攻下，一旦成功整个战局会有利于盟军。巴顿决定亲自去向亚历山大请战，进攻巴勒莫。

希特勒与墨索里尼

面对盟军强大的攻势和意大利部队的纷纷投降，希特勒不断地大喊："必须在意大利成立军事法庭来清除胆小鬼！"局势严重，希特勒把墨索里尼请来讨论成立军事法庭的问题。7月19日，希特勒和墨索里尼在意大利北部的菲尔特雷附近的农舍里会晤。墨索里尼在大批意大利军官面前被希特勒训了一顿。

这次会晤像往常一样，都是希特勒一个人在发表意见，墨索里尼默默地坐在一旁。希特勒发现墨索里尼已经不中用了。在此次会晤以前，希特勒曾经派人去物色取代墨索里尼的人。由于找不到理想的代理人，希特勒只好继续为墨索里尼鼓气。

希特勒说，德国人和意大利人必须在各个战场上坚持战斗。他们的任务不能留给下一代。如果意大利军队英勇抵抗，西西里岛和意大利是能守住的。德国军队会来增援意大利军队。到1945年5月，德国就会有大批先进的潜水艇参战，到时候德国潜艇部队就能够困死英国。

墨索里尼劳累过度，对希特勒的长篇大论听不进去，只好要求翻译记录下来。

正在他们进行紧张会晤时，盟军空袭罗马的消息传来。墨索里尼总是把最高司令部设在罗马的梵蒂冈，躲在天主教的大伞下，避免遭受盟军飞机的轰炸。但现在梵蒂冈也不能保护墨索里尼了。不久，墨索里尼失魂落魄地回到了罗马。

7 月 19 日，一支美国轰炸机编队空袭了罗马火车站的停车场和罗马飞机场。轰炸造成了巨大的破坏，意大利人吓破了胆。德、意军队的节节败退使意大利人四分五裂。大多数意大利人主张向盟军俯首投降，但墨索里尼表示绝不投降，坚持要把战争打下去。

面对失败，意大利国王、议会、总参谋部、法西斯党都怪罪于墨索里尼，许多包括墨索里尼的女婿齐亚诺在内的资产阶级人士，想秘密整垮墨索里尼，企图恢复资产阶级在意大利的统治。墨索里尼的统治基础摇摇欲坠了。

此前，巴顿乘飞机来到北非，决心说服亚历山大。巴顿看到亚历山大后说:“将军，由于战局的变化，我请求你把命令改为：第 7 集团军立即向西北和北面挺进，进攻巴勒莫，并将德军一分为二。”由于蒙哥马利的攻势受阻，亚历山大迫于无奈，只好批准了巴顿的请求。

巴顿马上飞回战场，重新进行了军事部署。接着，巴顿下令：第 3 步兵师、第 82 空降师和第 2 装甲师改组成一个军，由凯斯指挥，攻取巴勒莫，第 45 步兵师向北发动进攻，负责占领海岸公路，与蒙哥马利的英军保持同步。巴顿下令在 5 天内攻下巴勒莫。

7 月 19 日，巴顿正式下达总攻命令。美军快速向前挺进。21 日，美军攻占卡斯特尔维特拉诺。22 日，美军赶到巴勒莫城下。巴勒莫守军不敢相信，在这么热的夏天，道路很难走，而且有沿途守军的抵抗，美军竟在 4 天时间内前进了 320 公里。美军以迅雷不及掩耳之势进攻巴勒莫：使守军来不及组织抵抗，被迫投降。

美军第 82 空降师师长李奇微（左）带着通信兵在西西里岛中部视察

同一天，英军左翼发动的进攻遭到惨败。正是由于英军把德意军队的主力吸引到东部，给美军在西部地区的作战创造了有利条件。但是这个效果可不是出自英军的善意。

7 月 22 日，美军占领巴勒莫港，意军吓破了胆，约 4.5 万人举起了双手。美军的胜利严重地挫伤了德意军队的士气，德意军队仅剩墨西拿港了。

当天，巴顿随第二装甲师趾高气扬地进入巴勒莫，在豪华的王宫里建立司令部。

23 日，美军第 45 步兵师攻入泰索米尼至梅雷塞以东海岸地带，把西西里岛拦腰切断。这给美军带来了很高的荣誉。美军第 45 步兵师只伤亡 300 多人，却俘虏 5.3 万名意军，击落 190 架敌机，缴获 67 门火炮，缴获了来不及逃走的大部分船只。

7月25日，墨索里尼被赶下台，原来就不积极抵抗的意军更是成批地投降。德军被迫依靠少数兵力抵御优势敌军。同时，亚历山大命令巴顿，自西向东进攻。巴顿欣喜若狂，他呼吁美军抢在英军之前拿下墨西拿。巴顿把这个重要任务交给第2军军长布莱德雷将军。

这样，对蒙哥马利出现了讽刺性变化，西路巴顿的作用从助攻变成了主攻。

7月27日，凯塞林命令赫布尽快撤离西西里岛。

7月27日，向东推进的美军攻占了圣斯特凡诺和尼科西亚。

同时，英军在东、西两侧的攻势减弱，英军大部分染上了疟疾，战斗力下降。美军主力占领巴勒莫后于7月31日赶到圣斯蒂法诺，与英军会合。主攻任务由巴顿的美军担负。为了切断德意军队的退路，亚历山大决定在8月1日发动攻势，并从北非调来美军第9师和英军第78师。

8月初，各路盟军发动进攻，巴顿的美军在左翼，英军第30军在中央，英军第13军在右翼。盟军争先进攻西西里岛的东北角——墨西拿。

西西里岛东北部主要是山区，悬崖峭壁很多，稍平一些的地方是崎岖的山路。德意军队撤退时炸断了桥梁和道路，埋设了几万枚地雷。

德意军队每后退一步，兵力就集中一些，德意军队节节阻击的过程中，在一些险要地段部署少量兵力就能够抵抗好长时间。由于战场日益缩小，盟军无法展开兵力，结果，盟军每进一步，都会付出惨重的代价。

8月5日，英军攻势迅猛：第13军占领卡塔尼亚，英军先头部队到达埃特纳火山与海岸之间的狭长地带，英第30军到达火山西北侧的丘陵地带。可是，英军第30军的后勤部队跟不上去了，第13军的很多官兵得了疟疾，部队减员严重。蒙哥马利呼吁全体将士坚持到最后，一定要抢在美军前面攻下墨西拿。

在美军方面，巴顿命令第2军不停地进攻，可是，西西里北部沿岸地区悬崖林立，地形十分复杂。德军凭借丰富的山地作战经验和有利的

蒙哥马利与巴顿会见，询问前线的战况

地形，向美军多次发动了反击。德军在特罗英纳向美军发动了 24 次反击，给美军造成了巨大的压力。

美军进展缓慢，部队伤亡很大。就在巴顿心里很烦躁时，美军航空兵前来支援作战，却多次误击美军地面部队。有一次，巴顿等人差一点被美机炸死。

8 月 7 日至 8 月 16 日，仅 12 日盟军就发动了 4 次进攻，企图加速进攻，堵住撤退的德意军队。由于德军顽强阻击，盟军没有取得预期效果。用稍大一些的舰船来救出西西里岛上的德意部队，成为绝不可能的事情。意大利海军做过几次尝试，都以沉没而告终。意大利海军在墨西拿海峡集中了许多小型舰船，让它们不断地在盟军的空袭下活动。

盟军竭尽全力从陆海空三面来阻止德意军队的撤退，但许多小型的意大利舰船，在少数德舰协助下，把岛上的军队和装备撤回意大利本土。在连续不断的轰炸下，意大利水兵不断操纵小舰艇，用少数防空武器不断地发射。

就其航渡的次数和所遭受的空袭，西西里撤退比起英军从敦刻尔克的撤退所冒的风险还要大。

8 月 16 日，墨西拿港处于盟军轰炸机不断轰炸之下，而德意部队的装备则已经付之一炬，许多意大利小船仍把留在岛上的德意官兵运送出去。在撤退过程中，没有一只小船没有被轰炸过。

至 8 月 17 日，德意部队的主力 10 万人越过墨西拿海峡回到意大利。其中，德军 3 个师近 4 万人，意军 6 万人。

8 月 17 日晨，美军第 3 师抢先攻入墨西拿。英军一部也进入墨西拿。当天，盟军歼灭了岛上的残余德意部队。西西里战役，德军损失 1.2 万人，14 万多名意军缴械投降。盟军损失 2.2 万多人。

盟国实现了西西里战役的大部分目标，没有取得全部胜利，但使盟国在地中海的交通线得到了保障。西西里战役的胜利，提高了同盟国在中立国中的威信。由于亚历山大指挥不利，再加上没有充分利用制空权和制海权，致使近 4 万名精锐德军逃脱。

第八章

吉尔伯特群岛之战

对峙吉尔伯特群岛

马绍尔群岛阻碍了盟军自珍珠港向西的攻势，吉尔伯特群岛严重地威胁了美国至澳大利亚的交通线。

1943 年 11 月，美军在太平洋发起了全面的战略反攻。美军采用“跳蛙战术”，在进攻过程中放弃一些对他们前进影响不大的岛屿，或者绕过日军设防强大的岛屿，挫败日军死缠烂打的企图。

当时，日海军已无力与美海军抗衡，还要给太平洋上星罗棋布的守岛日军运输给养，当美海军封锁一个个孤岛时，孤岛的日军别说作战，连走路都没有力气，只能饿死或弃岛逃生。这种战术不仅能够大大减少盟军的伤亡，而且大大加快了作战进程。

吉尔伯特群岛位于马绍尔群岛与所罗门群岛之间，横跨赤道，处于美洲和澳洲海上交通线上，战略地位很重要。

吉尔伯特群岛由马金岛、塔拉瓦岛等 16 个岛屿组成，总面积为 430 平方公里。

日军十分重视吉尔伯特群岛的战略地位，在太平洋战争爆发后，马上攻占了吉尔伯特群岛的几个大岛，修建了水上飞机基地，把吉尔伯特群岛作为对东南太平洋地区进行侦察的空军基地。早在 1943 年初，日军就使用塔拉瓦岛上的机场，破坏美澳之间的海上补给线。

吉尔伯特群岛是日本的“确保要域”之一，而且是 1943 年 9 月确立的“绝对国防圈”的前沿阵地，日军在吉尔伯特群岛的几个大岛修筑了地下防御工事，多次加强防御力量。

至 1943 年 7 月，驻守吉尔伯特群岛的日军达到 5400 人，其中马金岛有 700 人，塔拉瓦岛有 4700 人。另外，驻马绍尔群岛基地的近 100 架飞机负责支援吉尔伯特群岛。

早在 1943 年 6 月中旬，美国参谋长联席会议原本想进攻马绍尔群岛，后来考虑到中太平洋部队的兵力不足，而且缺乏攻打日军重点设防岛屿的经验，因此决定先攻打吉尔伯特群岛。

美国太平洋舰队总司令尼米兹为了扫清在马绍尔群岛登陆的障碍，从 7 月起，美军太平洋舰队进行了进攻准备，在埃利斯群岛修建了很多轰炸机机场，在埃利斯群岛和菲尼克斯群岛的坎顿岛和贝克岛等地部署了航空兵部队。

在塔拉瓦岛，日军的防御工事非大口径舰炮直接命中则无法将其摧毁。所有工事都构筑在地下，就像一座森严的“地狱”。岛上日军的火力非常凶猛，机枪和火炮等组成了十分严密的火力网。

吉尔伯特群岛、马绍尔群岛这两大珊瑚群岛，再加上加罗林群岛和马里亚纳群岛，统称密克罗尼西亚。

密克罗尼西亚横卧在美国至菲律宾间的主要航线上，像巨大的铁锁链威胁着航线。

马绍尔群岛中的夸贾林岛、加罗林群岛中的特鲁克岛和马里亚纳群岛的塞班岛是日军防御体系的重心。

从日本本土来支援与补给密克罗尼西亚十分容易，日军可以在密克罗尼西亚地区迅速集结和展开空军和海军兵力，出动飞机和舰艇组织空袭或者海上攻击。

盟军的侦察机无法到达密克罗尼西亚地区。一些盟军军官主张不要理这些岛屿，建议由新几内亚和菲律宾出发直接进攻日本，这样就能够跨越密克罗尼西亚地区。这个主张听起来很好，但是由于美军海上力量向日本本土延伸，翼侧会暴露给密克罗尼西亚地区的日军海空力量。

距离塞班岛 1000 多海里的埃尼威托克岛的作用相当于十几个威克岛。

加罗林群岛拥有特鲁克岛和帛琉群岛两个海军基地，威胁着美军在占领俾斯麦岛以后的作战行动。

日军控制的塞班岛和关岛保护着菲律宾群岛，如果盟军夺取了塞班岛和关岛，它们就可以作为重型轰炸机的基地，直接去轰炸日本本土。

马绍尔群岛阻碍了盟军自珍珠港向西的攻势，吉尔伯特群岛严重地威胁了美国至澳大利亚的交通线。如果要占领马绍尔群岛，必须先占领吉尔伯特群岛。

进行过的登陆战役，比如瓜岛之战，都证明了需要进行长期的照相侦察来提供对方防御情况的资料。

“电流”计划

进攻塔拉瓦时，距离瑙鲁岛只有380海里的瑙鲁机场是较大的威胁。

只有攻下吉尔伯特群岛后，才能对马绍尔群岛进行照相侦察和建立起轰炸马绍尔群岛的机场。夺占吉尔伯特群岛，成为尼米兹“电流”计划的进攻目标。

吉尔伯特群岛远征军的司令为斯普鲁恩斯兼任美太平洋第5舰队司令。第5舰队登陆的时候，在战术上受第5编队指挥，指挥官为特纳少将。

进攻日期定为11月20日。

美军在“电流”计划的最终夺取目标上出现了分歧。夺取吉尔伯特群岛的哪几个岛屿？是否需要进攻瑙鲁岛？塔拉瓦环礁建有陆基飞机机场，是“电流”计划的主攻目标。

阿贝马马岛上的机场也快建成了，是盟军夺取的第二个目标。

进攻塔拉瓦时，距离瑙鲁岛只有380海里的瑙鲁机场是较大的威胁。后来，盟军发现情况与原来设想的不一样。瑙鲁岛的形状像顶帽子，周围狭窄的海岸平原环绕，在平原上日军修建了机场；在岛上的高地上，日军建有岸防炮。日军把瑙鲁岛挖得到处都是洞。

攻下瑙鲁岛，一个美国陆战队的整编师可能还不够。可是，美军在登陆塔拉瓦的同时，舰队没有力量运送一个师到达瑙鲁岛。

若要攻下马金环礁，用一个团就够了。结果，占领塔拉瓦环礁、阿贝马马岛和马金环礁成为“电流”计划的主要作战目标。

特纳负责指挥北路登陆部队进攻马金环礁，希尔负责指挥南路登陆部队进攻塔拉瓦环礁。

海上机动补给基地

海上浮动基地在后勤方面作为珍珠港的延伸部分为海上的美舰队服务。

距离塔拉瓦2100海里的夏威夷群岛的珍珠港是美军在中太平洋最大的补给中心和海军基地。

美军不断地扩建和发展珍珠港基地，日军偷袭珍珠港后，基地的设备、油库和设施没有被摧毁。

担任“电流”计划的第5舰队，其规模相当大，而吉尔伯特群岛资源匮乏、缺乏补给品、劳工。

让护航运输舰往返4200海里到珍珠港进行补给，在时间上不允许。如何对第5舰队进行补给呢?

另外，攻下吉尔伯特群岛后，要对吉尔伯特群岛进行补给，还要给马绍尔登陆的登陆部队进行补给。在吉尔伯特建立海、空基地需要从珍珠港运送大量的物资。马绍尔群岛的登陆战需要更多的物资，而且路途遥远。

为了满足补给需要，盟军成立了海上机动补给基地。第 1 个海上浮动基地——第 4 勤务大队于 1943 年 11 月 1 日成立。第 4 勤务大队共携带 2 万登陆部队一个月所需的粮食和医药用品，高射炮的 3 个弹药基数，地面武器的 1 个弹药基数，航空炸弹的 10 次作战弹药量，各种各样车辆和机器所需的 15 天燃料，大量的配件和修理设备。

不久，盟军成立更大的第 10 勤务大队，第 4 勤务大队并入第 10 勤务大队。第 8 勤务大队抽出一部分油船组成浮动加油队，根据预定的计划，每艘舰艇都能够得到油料补充。

海上浮动基地在后勤方面作为珍珠港的延伸部分给海上的美舰队服务。盟军仍然需要在前沿岛屿上修建基地。海上浮动基地和航空母舰编队组成快速航母编队，使盟军在太平洋上所向披靡。

盟军飞行员们在一旁等待战斗机加油

登陆马金环礁

海滩附近的水深比预计的浅，严重影响了输送的速度，只完成了预定任务的 1/8。

早在 1942 年 8 月，为了支援哈尔西的瓜岛战役，尼米兹出动 2 艘潜艇，运载两个连的海军陆战队对马金环礁发动偷袭，破坏岛上的工事、飞机基地和其他设施，并搜集有关情报。

1942 年 8 月 17 日 2 时，2 个连的海军陆战队在预定海域换乘橡皮筏，向日军发动突然进攻，把日军全部歼灭，炸毁了日军的武器弹药、无线电台、两架飞机、部分工事和仓库，引爆了日军的燃油，缴获了重要的文件。

19 日 16 时，美军登陆部队又乘橡皮艇撤走了。

那次行动使日军大大加强了吉尔伯特群岛的防御，使美军于 1943 年发起的“电流”登陆作战付出了代价。

布塔里塔里岛是马金环礁中的大岛，它像一个长柄铁锤。锤柄处有两个防坦克壕，日军的防御工事主要在两个防坦克暗壕之间，即美军曾在 1942 年 8 月登陆过的地方。

日军认为这次美军还会在这里登陆，但特纳少将却在锤头找到了两个海滩。

特纳在“宾夕法尼亚”号上指挥登陆马金环礁的战斗。11 月 20 日 6 时，美军向布塔里塔里岛进行了 20 分钟的空袭和近 2 个半小时的舰炮轰击。

与此同时，登陆艇波迅速集结，新式装备是履带登陆车。盟军登陆后，海滩十分拥挤。海滩附近的水深比预计的浅，严重影响了输送的速度，只完成了预定任务的 1/8。

但是，布塔里塔里上的日军很少，火力很弱，并且躲在岛的中部防守，没有给登陆部队造成多少伤亡。

3天后，美军的登陆部队歼灭了马金环礁的日军。

血染贝蒂乌岛

贝蒂乌岛是美军在太平洋战场进行登陆作战中在海滩遇到顽强抵抗的第一个岛屿。

塔拉瓦环礁中的贝蒂乌岛建有机场，是日军重点防御的地方。美军想进攻这个小岛，它看来很容易，但日军在岛上的每寸土地都进行了防守。日军在岛上修建了坚固的防御体系。

日军在贝蒂乌岛上建立了六道防线。在海滩的外围建立了混凝土三角体的防艇障碍物、珊瑚石礁、倒刺的铁丝网和木栅，迫使美军的登陆艇驶入日军炮火密集的地方。

在小岛的四周从海滩向上的几米处，布满了由铁丝捆绑和铁钉钉在一起的树干。在木栅障碍物的后边，部署了机枪阵地，机枪阵地之间通过堑壕连接起来。

在岛上各个要点，建立了14个岸防炮阵地，每个岸防炮阵地都挖了防空洞。

在沿海岸线一带的工事里配置了野炮和高炮，还有7辆被工事掩护起来的坦克。

在兵营和司令部一带，即海滩的后边，有很多防空洞。由于宽度较窄，每个防空洞还能用来对付登陆的部队。日军没有在沿礁湖布设水雷或者障碍物。

岛上的防御设施经过精心的设置，岛上的日军勇猛善战，包括佐世保海军第7特种部队，还包括第3特种部队。

日军指挥官柴崎敬二经常吹牛皮："10万美军花100年的时间也攻不下塔拉瓦环礁。"

由于美军过于强大，柴崎命令守军在战斗时把美军诱入防御圈内，利用优势火力把美军消灭。

贝蒂乌岛附近布满珊瑚礁，登陆舰艇和两栖车辆的登陆与潮汐有很大关系。日军在潮汐上占了便宜。吉尔伯特群岛潮汐的变化是没有规律的。

贝蒂乌岛的海水一天涨落几次，间隔时间不等，在停潮时有几小时水位不变，即所谓的"捉摸不定潮"。无法预测11月20日是否会使登陆艇在珊瑚礁上搁浅。

特纳认定20日的潮汐有50%的可能不会使美军的登陆艇搁浅在珊瑚礁上，决定不推迟进攻日期。

美军陆战队第2师负责攻占贝蒂乌岛，这个师参加过瓜岛争夺战，师长是史密斯少将。这个师的兵力为1.8万人，几乎是日军在塔拉瓦环礁的防御兵力的4倍。

史密斯知道，不付出巨大的代价，无法占领塔拉瓦环礁。

11月20日4时30分，搭载登陆艇波的6艘运输舰到达贝蒂乌岛，大部分卸下了登陆艇。登陆艇向3艘坦克登陆舰靠拢，以便把登陆兵换乘到履带登陆车上。

4时40分，日军发现了美舰艇，炮击登陆舰艇。进行火力支援的航空母舰飞机没有出现，希尔命令登陆舰艇撤退。20至30分钟后，战列舰、巡洋舰和驱逐舰到达海岸，向岸上发炮，岸上的日军炮火也展开了反击，舰艇的舰炮向岸炮射去。

登陆舰队的3艘战列舰、4艘巡洋舰和多艘驱逐舰进行了2个多小时的炮击，发射了3000多吨炮弹。

美军以为小岛上的防御设施被摧毁了，日军快失去战斗力了。

这次炮击摧毁了日军的地面设施；日军的通信系统瘫痪；日军的炮火指挥仪器受到破坏，影响了准确性；压制了威力大的岸防炮和高射炮；消灭了部分日军。但厚厚的珊瑚礁和木制的障碍物，掩护了日军。

扫雷舰扫好一条航道后，登陆艇纷纷驶向贝蒂乌岛北部的红 1、红 2 和红 3 滩。第一波登陆艇波于 8 时 30 分到达海滩。为了避免误伤登陆艇，美军舰停止了炮击。暂停的半个小时，日军趁机把部队从南岸调到北岸。

在美军登陆的道路上，到处都是珊瑚礁、椰子树枝和弹坑，阻碍了履带登陆车的速度，日军炮轰抢滩的和上岸的履带登陆车。

日军的大口径火炮射得十分准确，当美军的登陆艇放下道板时立即被炮弹命中，许多美军官兵被炸死，登陆艇附近的海水都被染红了。

美军要求舰炮对付岛上的火炮，并要求航空母舰的舰载机近距离掩护，对舰炮不便轰击的地方进行扫射。

为了支援登陆部队，史密斯出动了一半预备队，在涉水前进时，伤亡惨重。

午后的两个小时情况危急。履带登陆车半数以上被日军大炮摧毁，但是潮水却一直没有涨，登陆舰艇无法驶过露出水面的珊瑚礁。

1500 名美陆战队员被日军的强大火力压缩在狭窄海滩的椰子木障碍物和珊瑚石墙下，预备队无法登陆支援，眼看着陆战队员一个个倒下。

这时，登陆部队还没有建成登陆场。由于美军的无线电设备大部分被摧毁，报务员也大部分被炸死了，使得史密斯不能准确了解海滩的情况。

美侦察机在贝蒂乌岛的低空侦察，发现岛上的美军面临被歼灭的危险处境，但飞行员不知道该增援多少兵力。下午 1 时 30 分，史密斯用无线电报告希尔少将，请求把美军预备队投入战斗。

面对危急的情况，美军加强了火力支援，包括舰炮的轰击、飞机的近距离轰炸和扫射。日军的炮火仍在逞威，但美军登陆的兵力增加了。

当夜晚来临时，美军已有 5000 人陆续登陆，其中死伤 1500 人。一半人坚守登陆场，另一半人睡在散兵坑中。美军担心日军在夜里向他们发动反攻，把他们赶下海。这是日军习惯的战术。但是，岛上的日军已伤亡过半，再加上通信中断，柴崎无法指挥部队。

11 月 21 日中午，涨潮了。美军登陆舰艇纷纷抵滩，坦克和各种重型装备迅速登陆。登陆场迅速扩张，日军被分割包围了。美军预备队纷纷登陆，美军的物资源源不断地运到岛上。

美军在攻击一个混凝土的指挥所时，击毙了柴崎。

21 日夜，美陆战队员仍无法入睡，担心日军反攻。

11 月 22 日清晨，岛上的日军无线电台向总部发出紧急电文："我们准备与敌军最后一搏……帝国万岁！"

美军把日军坚守的工事和洞穴全部摧毁。轻型坦克在前边掩护，向日军驻守的洞穴不断发炮，陆战队员们把手榴弹和炸药扔进洞穴。美军还用了火焰喷射器，躲在洞穴中的日军被活活烧死。

23 日午后不久，岛上的日军被消灭干净。

美军在塔拉瓦环礁的其他小岛登陆非常顺利，几乎没有伤亡就占领了阿贝马马岛。登陆阿贝马马岛的美军侦察队，乘坐一艘潜艇，偷偷上了阿贝马马岛后，发现日军只有 25 个人。侦察队召唤潜艇火力支援，很快就消灭了日军。

海军陆战队工程营抓紧时间建立贝蒂乌岛和阿贝马马岛上的简易机场，在空袭马绍尔群岛上的日军机场时这两个岛上的机场起了作用。

贝蒂乌岛是美军在太平洋战场进行登陆作战中在海滩遇到顽强抵抗的第一个岛屿。

11 月 23 日，贝蒂乌岛登岛战役结束时，只有 17 个日本人和 129 个朝鲜工人被俘。美陆战队第 2 师 1.8 万人中，伤亡达 3000 人。

在日军严密设防的贝蒂乌岛上，美军犯了很多错误。美军在贝蒂乌岛的登岛作战中学到了很多经验，保证了日后越来越残酷的登岛作战的胜利。

珊瑚被鲜血染红了，美军用鲜血换来了经验教训，这些经验教训，对于接下来进行的登陆战役，有着无法估计的价值。

就在吉尔伯特群岛上的美海军陆战队第 2 师苦战珊瑚礁时，“独立”号航母在 11 月被日军潜艇击伤；另一艘日军潜艇击沉了“利斯科姆湾”号航空母舰。

月底时，美军占领吉尔伯特群岛的其他岛屿。从此，斯普鲁恩斯的第 5 舰队开始对马绍尔群岛进行照相侦察。

1944 年初，美军做好了攻打马绍尔群岛的准备。

第九章

马绍尔群岛之战

“燧发枪”计划

这一次，尼米兹又采用了“跳岛”战术。

美军在吉尔伯特群岛登陆战中损失惨重，但解除了日军对盟军海上运输线的威胁，为即将开始的马绍尔群岛登陆战提供了空中援助的基地。美海军在登陆作战方面吸取了血的教训，有利于下一步马绍尔群岛的作战成功。

一天，尼米兹来到马金岛，望着阵亡的美军官兵的尸体，怎么都提不起精神来。到处都是尸体和残肢，在阳光的曝晒下散发着臭气。

随后，尼米兹在斯普鲁恩斯的陪伴下慰问了部队。他看着衣服肮脏、面容憔悴的官兵，大声说：“亲爱的孩子们，你们以沉重的代价换来了海军陆战队成立168年来最大的一次胜利，你们以自己的行动向世人证明，美军是不可战胜的！”

吉尔伯特战役结束后，尼米兹把注意力转向马绍尔群岛的西北方向。美军做好了进攻的准备。

在马绍尔群岛战役开始前的准备阶段，尼米兹给美军登陆部队提供了更多的战舰，使舰只总数增加到300艘，包括12艘航空母舰（715架舰载机），还有475架岸基飞机。

中太平洋联合舰队司令斯普鲁恩斯决定，为了避免美军进攻时遭受重大伤亡，对重要岛屿采取了占领的策略，跳过不重要的岛屿。

尼米兹制定了1944年1月攻占马绍尔群岛的初步计划。尼米兹提出同时攻占夸贾林、沃杰和马洛埃拉普等环礁。

可是，美国参谋长联席会议认为，马绍尔群岛作为大规模的反攻基地来说显得太小。美国参谋长联席会议要求尼米兹兵分两路，一路进攻马绍尔群岛，另一路进攻东加罗林群岛的威克岛和库赛埃岛、波纳佩岛、特鲁克岛以及其他岛屿。

美国参谋长联席会议的命令很难让尼米兹接受，因为它提出的任务太重了。美国参谋长联席会议要求进攻威克岛的理由是用来进行照相侦察，但吉尔伯特群岛能够满足这个要求。

日军只把威克岛用于补给和运输，美军攻占威克岛也只是用于补给和运输；如果攻下威克岛，尼米兹需要投入一个步兵师或者一个海军陆战旅。

加罗林群岛东部的库赛埃岛容易攻下，但库赛埃岛的气候潮湿，不能作为大型的空军基地。而埃尼威托克岛适宜建立临时的海空军基地，能够通往加罗林群岛、马里亚纳群岛和日本本土。

经过尼米兹的反复要求，美国参谋长联席会议经过研究后，采纳尼米兹的建议，美军不用进攻威克岛和库赛埃岛了。

1943 年 11 月 30 日，尼米兹认为日军在夸贾林岛的防御得到了加强。日军有足够的时间对各滩头和水道布设水雷，在岛上修筑更多的火力点，部署更多的火炮和增调更多的防御兵力。

尼米兹认为，美军登陆舰队需要更好的空中支援，潜艇支援，更多的舰艇和登陆船只，特别是需要驱逐舰、护卫舰、履带登陆车和搭载登陆部队炮艇，机动灵活的炮艇在压制岛上日军的炮火方面作用很大。

尼米兹提出，为保证美军登陆成功，并降低伤亡，美军的火力准备所需的弹药至少是塔拉瓦环礁登陆时的 3 倍。

尼米兹还提出，用岸基飞机对岛上的日军兵营、人员和军事设施进行持续的轰炸；出动航空母舰的舰载机进行几天的轰炸；再用战列舰、巡洋舰和驱逐舰进行几天的炮击。

所有的舰载机和舰艇都要加强训练，如果训练有素，攻击时的效果会大大增强。

尼米兹将进攻日期定为1945年1月31日。马绍尔群岛登陆作战的代号为“燧发枪”计划。

根据经验，美军应该先攻占有机场的岛屿，美军在先攻占哪个岛屿上出现了分歧。有些军官主张跳过东马绍尔群岛进攻夸贾林岛；有些军官认为应该先占领沃杰岛和马洛埃拉普岛。

1943年12月4日，鲍纳尔少将指挥快速航空母舰编队空袭了马绍尔群岛，一架舰载机在夸贾林环礁的上空对夸贾林拍了照片。原来，夸贾林环礁建有一座轰炸机简易机场。

得到报告后，尼米兹决定不进攻马绍尔群岛最东端和离吉尔伯特群岛最近的岛屿，而是绕过这些岛屿，直接进攻夸贾林环礁。

尼米兹制定了具体的计划：先进攻没有设防的马朱罗岛，马朱罗岛的礁湖能够为美军的勤务大队提供锚地；第二天，同时在埃尼威托克环礁的夸贾林岛的南北两端登陆；登陆部队应尽快占领埃尼威托克环礁。这一

斯普鲁恩斯、尼米兹和巴克纳在一起

次，尼米兹又采用了“跳岛”战术，直接进攻夸贾林岛，越过了4个日军建有机场而且防御体系完备的环礁，即越过沃杰岛、马洛埃拉普岛、米利岛和贾卢伊特岛。

斯普鲁恩斯、特纳和史密斯强烈要求进攻沃杰和马洛埃拉普两个环礁，但尼米兹仍然坚持自己的决定。尼米兹解释说，在夸贾林战斗开始前，快速航空母舰、马金环礁、塔拉瓦环礁和阿贝马马岛的飞机都能够压制住4个日军机场的飞机。事后证明，尼米兹的决定是正确的，使太平洋战争缩短了几个月。

根据“燧发枪”计划，攻岛之战的总指挥是第5两栖编队司令特纳；美国陆军步兵第7师组成在夸贾林岛登陆的南部登陆部队，由特纳指挥；第4海军陆战师组成北部登陆部队，由康诺利指挥，负责攻占罗伊－那穆尔岛；希尔指挥预备队和美陆军第27师的1个营，美陆军第27师的1个营将进驻马朱罗岛。

第5舰队司令斯普鲁恩斯的任务是把5.3万人的登陆部队护送到3个岛上。第58航空母舰特混编队是第5舰队的主力，拥有12艘航空母舰、8艘战列舰、6艘巡洋舰和36艘驱逐舰，任务是包围3个岛屿，同时迎击从特鲁克基地出征的日军舰队。

日军设防马绍尔群岛

日军的兵力太少，只能防守米利岛、沃杰岛、马朱罗岛、夸贾林岛、贾卢伊特岛和埃尼威托克岛。

日本海军第4舰队负责马绍尔群岛的防御，所属的地面部队为2.4万人。日军的150架飞机分布在6个小岛的机场上，罗伊－那穆尔岛上驻有大部分日机。

第4舰队拥有2个猎潜艇中队，约有10艘猎潜艇。由于盟军在太平洋的攻势越来越强，日军知道马绍尔群岛的兵力不足，但麦克阿瑟和哈尔西正在南太平洋展开大反攻，使日本的海、空兵力无法支援马绍尔群岛。盟军占领俾斯麦群岛的日军基地后，日本海、空兵力的机动性受到很大影响。

在盟军登陆前，日本军部只从日本本土和拉包尔调来88架轰炸机和战斗机，再也无兵可调，命令马绍尔群岛的日军死守各岛，为加强日本内防御圈的防御争取时间。

日军的兵力太少，只能防守米利岛、沃杰岛、马朱罗岛、夸贾林岛、贾卢伊特岛和埃尼威托克岛。

日本联合舰队司令古贺峰一认为，吉尔伯特群岛沦陷以后，马绍尔群岛的米利环礁是盟军的第一个进攻目标，其次是试图夸贾林岛。因此，古贺峰一从夸贾林岛抽调兵力加强米利环礁的防御力量，挡住盟军的攻势。

古贺还把日本军部支援海军的几千名新兵派往沃杰和马洛埃拉普两个

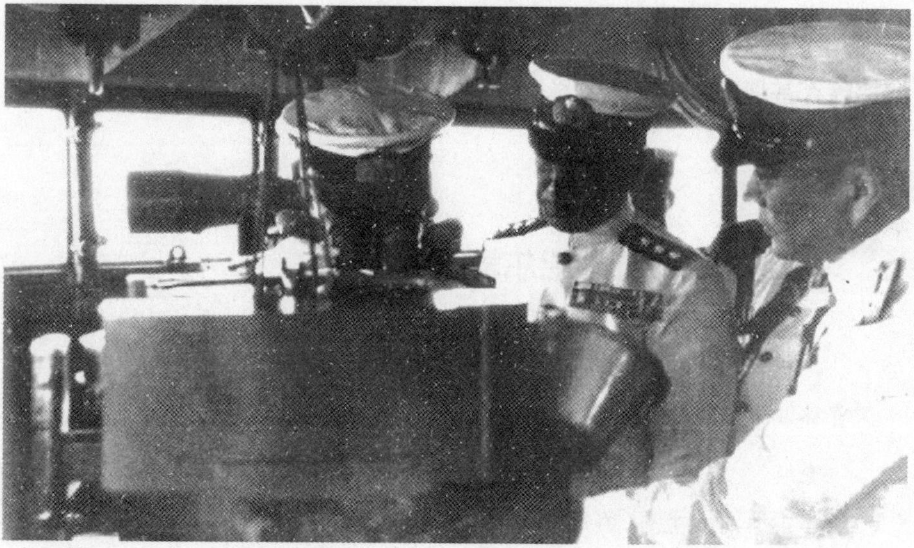

古贺峰一（中）在“武藏”号战列舰指挥室内

环礁。这样，夸贾林环礁的日军就只剩约9000人。夸贾林环礁的日军分散在南北两端。

航母编队的巨大成功

日军在马绍尔群岛的飞机主要集中在罗伊－那穆尔岛。

美军海上航空兵对马绍尔群岛进行了持续的轰炸，随着吉尔伯特群岛新机场的建立，轰炸更加频繁了。

胡佛海军少将指挥航母和岸基的所有飞机空袭瑙鲁岛、米利、沃杰、马洛埃拉普和贾卢伊特环礁，歼灭了大部分的日军飞机。

当时，美军仍未能取得马绍尔群岛的制空权。1944年1月27日，日本在马绍尔群岛拥有150架飞机。可是到了1月31日，日军在马绍尔群岛上一架飞机都没有了。

日本的飞机为什么损失如此惨重呢？原来米切尔的第58快速航空母舰编队参加了空袭。

米切尔急于发挥第58快速航母编队的巨大威力。根据“燧发枪”计划，米切尔的战斗任务是在1月31日以前消灭马绍尔群岛的日本空军。

而对登陆战役的空中支援，包括空中战斗警戒和反潜巡逻、进攻滩头，对登陆部队提供的近距离空中支援，则改由登陆舰队的护航航空母舰来承担。

日军在马绍尔群岛的飞机主要集中在罗伊－那穆尔岛。1月29日，当第58特混大队出动机群向该岛空袭时，岛上约有100架飞机。一次空袭就摧毁了日军在罗伊－那穆尔岛上的绝大多数飞机，而米切尔的损失是4架泼妇式战斗机和一架复仇者式鱼雷机。

当晚，美军战列舰炮轰海岸。30 日，第 58 特混大队的舰载机发动第二次空袭，岛上的日机被全歼了。

1 月 29 日，当第 58 航母特混大队向沃杰环礁的奥特迪岛机场发动空袭时，机场上已经没有日机。30 日，奥特迪岛遭到美军北部登陆舰队的轰击。

1 月 29 日，第 58 特混大队攻击了马洛埃拉普环礁上的塔罗阿机场，歼灭了机场上的 17 架飞机。

1 月 30 日，第 58 特混大队驶向夸贾林。另外，第 58 特混大队持续轰炸埃尼威托克环礁上的恩吉比岛。

以上特混大队的航母发动的空袭和陆基飞机对米利和贾卢伊特环礁的

一架美军 F6F 泼妇式战斗机正要在“列克星顿”号航空母舰上降落

空袭，使马绍尔群岛的日军飞机毁于地面，只有 9 架逃到特鲁克岛。

驻守在马绍尔群岛的日军舰艇被歼灭。美军在登陆前掌握了马绍尔群岛海域的制海和制空权，日军与外界失去了联系。

这是美军的快速航空母舰编队第一次显示了在登陆作战中所起到的巨大威力。在吉尔伯特群岛战役中，快速航空母舰主要作用是击退日机的攻击。

进驻马朱罗

日军忽略了马朱罗环礁，而专注于其他岛屿。

美第 27 师的 1 个营负责进驻马朱罗，由希尔少将指挥。

马朱罗在马洛埃拉普、米利和贾卢伊特三个环礁的中心，有 56 个小岛链组成，围绕着 21 海里长、6 至 8 海里宽的礁湖。

日军忽略了马朱罗环礁，而专注于其他岛屿。原来有 400 名日军驻守马朱罗。后来，岛上只剩 3 名日军了。

1 月 30 日晚，希尔出动一个侦察队登上达拉普岛、乌利加岛和达里特岛侦察，侦察队没有发现日军。第二天早晨，希尔得到这一情报时，美舰队已经对马朱罗进行了 18 分钟炮击。由于有浓密的椰子林，没有造成太大的破坏。

9 时 50 分，美军占领了马朱罗环礁。

美太平洋舰队最大的油船舰队驶入礁湖。结果，原定“燧发枪”战役中海上加油的大部分工作在这里进行。

不久，马朱罗礁湖成为美海军最繁忙的前沿基地，共有 150 多艘舰船停泊在马朱罗礁湖中，成为快速航空母舰的停泊地。

南北进击夸贾林环礁

岛外的战列舰、驱逐舰和小岛上的炮兵不停地轰击日军，航空母舰的舰载机近距离轰炸、扫射日军。

夸贾林是世界上最大的珊瑚环礁，罗伊－那穆尔岛在夸贾林环礁的北端，夸贾林岛在夸贾林环礁的东南端。罗伊－那穆尔岛是马绍尔群岛的重要空军基地，夸贾林岛是日军的重要海军基地，而西端的埃贝耶岛是日军的水上飞机基地。

罗伊－那穆尔岛是美军北路登陆部队的进攻目标，夸贾林岛是美军南路登陆部队的进攻目标。

夸贾林岛是日军在马绍尔群岛中最重要的海、空军基地，但日军没有在小岛上配置岸防炮。

在夸贾林环礁的礁湖内，没有设置防潜网或者防潜栅，没有布雷。康诺利决定先占领北部的水道和附近的小岛，在那些小岛上配置重炮，再把登陆舰艇开入礁湖在罗伊－那穆尔岛登陆。

1 月 31 日 5 时左右，康诺利的北部登陆部队开始换乘履带登陆车，由于海浪太大使换乘时间增加一倍，由于向西的海流和季风的影响，出发的时间进一步推迟了。

9 时 52 分，第一波登陆艇在梅路岛和恩努埃岛的海滩上登陆，比预定时间晚了快一个小时。由于两个岛上的日军很少，10 时 35 分，美军占领了这两个小岛。下午，美军陆战队的炮兵把 105 毫米火炮部署在梅路岛和恩努埃岛上。

夸贾林环礁湖内的水道很浅，登陆艇波被迫改航绕行，攻占恩努比尔

沙滩上挤满美军士兵

岛和恩努门内特岛的时间也推迟了。由于两个小岛上的日军逃到了罗伊－那穆尔岛，美军顺利登陆。

下午4时30分，美军占领了恩努比尔岛和恩努门内特岛。美军向这两个小岛上运送火炮，运送的速度很慢，傍晚，火炮已经配置好了。罗伊－那穆尔岛的两侧处在美军的重炮射程内。

从1月29日，美军就连续轰炸和炮击罗伊－那穆尔岛，1月31日，登陆开始以前，美舰队在距海岸1海里的范围内炮击海岸，日军的防御工事被摧毁。

上午10时，在罗伊－那穆尔岛两侧小岛的美军炮火支援下，美军登陆部队分两路登陆罗伊岛和那穆尔岛。日军在罗伊岛的抵抗是象征性的。下午5时30分，美军占领罗伊岛，装备和器材运上来了，工程营忙着修理岛上的机场。

那穆尔岛的美军遇到了比较激烈的抵抗，但力度很有限，2 月 2 日午后，美军占领那穆尔岛。执行登陆罗伊－那穆尔岛的美海军陆战队第 4 师第一次参战，完成了此次登陆作战的任务。

随后，陆战队第 4 师在 97 个小岛上逐一肃清残余的日军。

负责进攻夸贾林岛和南部各岛屿的南部登陆部队，在实力上与北部登陆部队相差无几。特纳对夸贾林岛以及南部各岛的进攻计划与康诺利的进攻计划也相差无几。31 日，美军侦察队进驻夸贾林西北约 10 海里的吉亚岛、宁尼岛和盖赫岛，封锁了吉亚水道。

中午，美军占领了恩尼拉贝根岛和埃努布季岛。美炮兵部队把 105 毫米火炮运上岸，向夸贾林岛进行轰击，对夸贾林的美登陆部队进行火力支援。

为了降低伤亡，美战列舰向夸贾林岛进行了猛烈的炮击，埃努布季岛上的第 7 师的炮兵部队参加了炮击。2 月 1 日 9 时 30 分，第一波登陆艇

美军陆战队登陆罗伊岛后，在日军炮火下查看地图

在夸贾林岛的西部登陆。

4000 名日军进攻美军。下午 4 时，美陆军已有 1.1 万人登陆，他们本来可以对付日军的，但陆军不同于海军陆战队，陆军在炮火没有歼灭大量敌军以前，是不肯进攻的。

岛外的战列舰、驱逐舰和小岛上的炮兵不停地轰击日军，航空母舰的舰载机近距离轰炸、扫射日军。

2 月 4 日下午，美陆军逐个拔掉了支撑点、阵地以后，终于肃清了日军，占领了夸贾林岛。

在这次战役中，经过炮火和飞机的轰炸后，日军仍有很强的生命力。这次的火力准备的时间和强度数倍于塔拉瓦环礁，但仍无法完全摧毁日军的工事。

美军充分利用了海空优势，在登陆的 4.1 万人中，只死了 372 人，伤了 1000 人。日军只有 130 人被俘或失踪，其余全部战死。

在美军登陆夸贾林岛时，特鲁克基地的日联合舰队司令古贺峰一不敢出动主力舰队增援，因为没有空中掩护。

古贺峰一出动部分潜艇偷袭美军，有 4 艘潜艇被美军击沉。

“冰雹”计划

尼米兹批准了斯普鲁恩斯的建议，为斯普鲁恩斯发动新攻势提供一切支援。

埃尼威托克环礁又大又圆，第 5 舰队司令斯普鲁恩斯想在那里建立后勤基地，为继续西进的太平洋战争提供补给。

埃尼威托克环礁位于马绍尔群岛西部，距离马里亚纳群岛 1000 海里，距离特鲁克岛不足 700 海里，距离波纳佩环礁不足 600 海里。

为了阻止日军向埃尼威托克环礁增援，必须把马里亚纳群岛、特鲁克岛和波纳佩环礁封锁起来。

尼米兹批准了斯普鲁恩斯的建议，并为斯普鲁恩斯发动新攻势提供一切支援。

斯普鲁恩斯制定了袭击特鲁克的计划，代号为“冰雹”计划。袭击兵力为米切尔的第 58 特混编队，包括 9 艘航空母舰、6 艘战列舰、10 艘巡洋舰和 28 艘驱逐舰。

被珊瑚礁包围的特鲁克岛是坚不可摧的要塞，号称“日本的珍珠港”“太平洋的直布罗陀”。第 58 特混编队把特鲁克岛摧毁了，使特鲁克岛的日本海、空基地瘫痪了，证明了航空母舰编队的强大威力。

2 月 17 日，当第 58 特混编队的舰载机对特鲁克岛轮番轰炸时，斯普

遭到美国第 58 特混编队攻击后的特鲁克岛

鲁恩斯率战列舰“衣阿华”号、“新泽西”号和2艘重巡洋舰、4艘驱逐舰在特鲁克附近海域巡逻，以便击沉从水道逃出来的日舰。

为了避免日舰从舰载机和舰队的双重打击下逃掉，尼米兹出动10艘潜艇在特鲁克的附近海域巡逻。

2月17至18日夜，美航空母舰舰载机在雷达的引导下轰炸日军舰船。18日拂晓，美航空母舰发动最后一次空袭。在长达两天的空袭中，约200架日本飞机被击毁，70多架受创，击沉15艘日军舰、19艘日货船和5艘油船。

美军飞机损失了25架，“勇猛”号航空母舰在夜间被日军的鱼雷机击中，受到重创，这是日军唯一的一次还击。

“冰雹”计划证明，“特鲁克要塞”是日本人吹出来的。特鲁克的日军飞机被歼灭后，埃尼威托克变得孤立无援，拉包尔基地也瘫痪了。

为此，日本军部感到震惊，解除了日海军总参谋长永野修身的职务。

接着，第58特混编队的两个特混大队对马里亚纳群岛进行了持续的轰炸，击毁了机场上的日军轰炸机和鱼雷机。

“法警”计划

这些岛屿的日军对美军的贡献很大，美军把他们作为培训新飞行员的实弹演习靶。

1944年1月4日，日陆军第1海上机动旅进驻埃尼威托克环礁。日军抓紧时间构筑了一些工事。后来美军登陆时，岛上到处堆积着建筑材料，可见日军的许多工事还没有修好。

日军想向恩吉比岛运送重装备，可是时间不允许，结果无法使美军有大的伤亡。

美军进攻埃尼威托克的行动代号“法警”计划。希尔少将率领的总预备队负责攻占埃尼威托克的任务，卢密斯上校的9艘运输舰及沃森准将的8000名陆战队作为后备队。

希尔的总预备队又称埃尼威托克远征大队，进攻埃尼威托克的日期为2月19日。

远征大队准备采用与攻打夸贾林环礁相同的战术，但美军与埃尼威托克的日军之比不足3比1。美军只能攻占埃尼威托克环礁的3个岛屿中的一个小岛，恩吉比岛是有机场的小岛，成为美军的主攻目标。

虽然在登陆恩吉比岛的时候，美军出现了混乱，主要是由于卸载时拥挤。不过，岛上的日军很少。美军只用几辆坦克就占领了全岛。

在进攻帕里岛和埃尼威托克岛时，美军碰到了麻烦，比美军预料的要艰难一些。日军蒙骗了美军，日军把自己和武器都藏了起来，躲过了美军的照相侦察，当美军登陆舰艇经过帕里岛时，日军躲过了美登陆舰瞭望哨的望远镜。

幸运的是，美军情报人员在恩吉比岛的瓦砾中找到一些文件，表明埃尼威托克岛和帕里岛分别有800多名和1400多名日军，大部分日军是陆军第1海上机动旅。沃森将军得到报告后，连忙改变进攻计划，放弃同时在埃尼威托克岛和帕里岛登陆的计划，集中一切可能的力量先夺取埃尼威托克岛。

美军已经对埃尼威托克岛进行了海、空火力准备，现在又向该岛投入了大量的炮弹。这些炮弹仍没有大量消灭日军，因为岛上到处都是树林。

岛上有一个6米高的高地，美军登陆后，推进的速度非常慢，遭到日军的猛烈攻击。

由于得到舰炮、舰载机的火力援助以及坦克等重武器装备的投入使用，美军顶住了日军的火力。美军的推进速度很慢，2月21日下午4时

一个被炸毁的日军防空壕

30 分，美军终于攻下了埃尼威托克岛。

接着，第 22 陆战队团还要进行帕里岛的登陆作战。

在埃尼威托克岛上，美军找到了一些文件，包括帕里岛的日军防御计划。计划表明，日军以几个坚固支撑点为中心，机动灵活地阻击美军。

据沃森估计，日军的司令部就位于帕里岛。美舰队在有限的时间内向帕里岛发动猛烈的轰击。美海军陆战队没有遇到抵抗，就占领了贾普坦岛，把榴弹炮运了上去。

2 月 20 日晚 8 时，美军的榴弹炮向帕里岛猛烈轰击，直到 22 日 7 时登陆才停止。海军、舰载机和榴弹炮部队不分昼夜地向帕里岛轰击，美军炮击的主要兵力是战列舰、巡洋舰和护航母舰的舰载机。

空袭的效果比舰炮轰击的效果好多了，日军的所有军事设施都建在地下，舰炮射击的弹道是平的，对地下的日军设施构不成太大的威胁，甚至没有任何损失。

结果，美海军陆战队上岸后，向岛上推进时，遭到日军的顽强抵抗，美军伤亡惨重。在近距离的海、空火力打击下，日军的抵抗逐渐瓦解。晚上 7 时 30 分，美军占领了帕里岛。美军在帕里岛的伤亡是埃尼威托克岛的两倍。

至此，美军已经把夸贾林环礁附近各岛屿上的日军全都消灭了。美军又绕过沃杰、马洛埃拉普、米利和贾卢伊特等环礁，占领马绍尔群岛的其他岛屿。

美军经常空袭沃杰、马洛埃拉普、米利和贾卢伊特等环礁，不断削弱日军的力量，封锁日军与外界的联系。

这 4 个日军基地，除了潜艇可以出入外，没有其他办法进行补给，这些岛屿的日军对美军的贡献很大，美军把他们作为培训新飞行员的实弹演习靶。

美军控制马绍尔群岛后，突破了日军在太平洋的外防御线，可以进攻中太平洋其他岛屿的日海空军基地，日军的重要海空军基地特鲁克群岛遭到美军海空力量的持续打击。

日本重要的屏障马里亚纳群岛完全暴露了，日本联合舰队的大部分海军舰艇被迫退守日本本土和帛琉群岛。日本在太平洋上的其他兵力也被迫向本土靠拢。

第十章

马里亚纳群岛之战

美军排兵布阵

丰田副武没有想到美军会同时用重兵攻打马里亚纳群岛。

美军占领吉尔伯特群岛和马绍尔群岛后，再攻下马里亚纳群岛，就可以利用塞班岛和关岛作为美舰队的前沿基地，直接轰炸日本本土。

到时候，美军从马里亚纳群岛出发，西南可以攻下帛琉群岛，正西可以攻下吕宋岛或者莱特岛，西北可以攻打台湾，北上可以攻打日本。

另外，在这些地区作战，日本舰队必须出动支援，美舰队有可能歼灭日舰队。

1944年3月初，美国三军参谋长联席会议接受了以上想法，会议决定：麦克阿瑟的西南太平洋部队，从新几内亚岛的北海岸出征，11月中旬在菲律宾群岛的棉兰老岛登陆；尼米兹的中太平洋部队，6月中旬进攻马里亚纳群岛的塞班岛、担尼安岛和关岛，9月中旬进攻帛琉群岛，在帛琉群岛建立基地，11月援助麦克阿瑟的西南太平洋部队在菲律宾群岛的攻岛之战。

由此可见，西南太平洋部队和中太平洋部队的密切协同，将对菲律宾群岛的日军形成两面攻势。

马绍尔群岛的沦陷使日本军部十分恐慌。1944年3月，日本军部连忙组建以南云忠一为司令的中太平洋舰队。

南云负责支援陆军坚守马里亚纳群岛。日本军部把日本海军第2舰队和第3舰队编成第1机动舰队，小泽治三郎出任司令官。

第1机动舰队有9艘航空母舰、5艘战列舰，13艘巡洋舰、28艘驱逐舰和430架舰载机。第1机动舰队以航空母舰为核心，以舰载机为攻击

“大和”号战列舰

武器，战列舰担任航空母舰的护卫舰。

日本军部企图把把航空母舰编队和其他舰队集中起来，围歼美军快速航空母舰编队，以夺回制海权。

1944 年 3 月底，第 58 特混舰队从马朱罗出征，驶向西加罗林群岛，准备空袭特鲁克群岛，然后进攻帛琉群岛的日本联合舰队。

日侦察机发现了美第 58 特混舰队，日本联合舰队十分恐慌，连忙采取防御措施。古贺峰一退守马里亚纳－帛琉－新几内亚岛西部防线时，曾发誓说这里是最后一道防线，他们将死守最后的防线。

古贺认为美军即将发动攻势，把所有的岸基飞机和舰载机集结起来，命令水面舰艇在帛琉北面海域待命，随时准备战斗。

为了安全，古贺和参谋们分乘 3 架水上飞机，自帛琉群岛出发，飞向菲律宾群岛的棉兰老岛的达沃。由于在途中遭遇恶劣天气，有 2 架水上飞机坠毁，古贺当场身亡。

日海军又一位司令官因飞机失事而死亡，再次惊动了日本。

5月初，日本天皇任命丰田副武海军大将为联合舰队司令。

丰田副武认为，盟军在攻下马绍尔群岛后，肯定会从中太平洋和西南太平洋向菲律宾群岛发动钳形进攻。

因此，丰田副武制定了“阿”号作战计划。丰田副武决定在美军向西进攻时，出动日海军联合舰队的第1机动舰队，在菲律宾群岛至帛琉群岛海域歼灭美海军的快速航空母舰编队。

丰田副武没有想到美军会同时用重兵攻打马里亚纳群岛，因此忽略了马里亚纳群岛的防御。

在美军登陆时，日军在马里亚纳群岛的防御工事只修筑了一半，大炮的掩体还没有修好，阻碍登陆部队的设施也没有修好。

“征粮者”计划

美军封锁了海面后，日军无法向塞班岛进行补给和增援。

1944年3月21日，美太平洋远征军司令特纳中将选定塞班岛，主要是由于塞班岛的机场最好，塞班岛距离日本比关岛近100海里。

美军夺取塞班、提尼安和关岛的战略目的是，控制中太平洋的海上运输线，为攻打日本本土建立前沿基地。

美军给这次计划起了个代号“征粮者”，美军把登陆塞班岛的日期定为6月15日。进攻提尼安岛、关岛的日期，在美军占领塞班岛以后再定。

执行“征粮者”战役的兵力有：北部登陆编队，特纳出任司令，运送第5两栖军。第5两栖军的军长是史密斯中将，下辖第2陆战师和第4陆战师。第 5 两栖军负责攻占塞班岛和提尼安岛，从夏威夷群岛和美国西海岸出发。

南部登陆突击编队，康诺利出任司令，所属第 3 两栖军的军长是盖格少将，下辖第 3 陆战师和暂编第 1 陆战旅，负责攻占关岛，从瓜岛 – 图拉吉岛出发。

远征军总预备队由布兰迪少将出任司令，所属陆军第 27 师，师长为拉尔夫少将；美陆军第 77 师，于 7 月份赶来增援，帮助攻占关岛。

至此，美军在南太平洋和西南太平洋遇到的是大而危险的岛屿，遍地丛林，岛上的居民既不支持美军，也不支持日军。

在北太平洋，美军遇到的多是无人居住的岛屿，岛上寒冷，降水（雪）量大。

在中太平洋，美军遇到的是许多珊瑚环礁，作战比较容易。

塞班、提尼安和关岛位于马里亚纳群岛的南部，它们与以上 3 种岛屿完全不同。

它们的地形便于日军炮兵炮击海滩，岛上的珊瑚石灰石岩洞便于日军防守。

3 个岛屿面积较大，使日军能够建立防御纵深，珊瑚环礁是天然的防御设施。每个适合登陆的海岸，都有露出的或者断续的珊瑚礁，影响美军的登陆艇或登陆舰的通行。

在提尼左岛和关岛的暗礁是一道断崖，在塞班岛的暗礁是登陆艇不能通过的珊瑚礁。

在塞班岛，水中的珊瑚礁与滩头间有一道狭长的浅湖，日军在那里埋设了水中障碍物，处于日军的炮火射程之内。

在登陆吉尔伯特和马绍尔群岛时，美军两栖部队是靠履带登陆车登陆的，如果没有这种装备，登上马里亚纳岛简直就是幻想。

为了顺利登陆，美军成立了由“蛙人”组成的水下爆破队。“蛙人”

经过特殊的训练，负责对水中的珊瑚礁进行侦察，在水中设置爆炸物，炸毁珊瑚礁和日军布设的障碍物。

为了吸引岸上的火力，美舰队攻击塞班岛上的日军和设施。水下爆破队趁机游到岸边，大肆破坏。

1944年春季，塞班岛上的日军只有3.2万人，即日军第31军。

由于美军潜艇的封锁，第31军无法得到急需的武器装备。美军封锁了海面后，日军无法向塞班岛进行补给和增援。

塞班岛上的日军主要由43师和第47独立混成旅组成，其余的部队由向塞班岛输送过程中幸存的官兵组成。

美军“印第安纳波利斯”号重巡洋舰炮击塞班岛

解除日军空中的威胁

马里亚纳群岛与日本的空中联系被切断了。

1944年4月，美第58航母编队开始了夺取马里亚纳群岛海域制空权和制海权的军事行动。

4月初，第58航母编队对帛琉群岛进行了大规模的空袭，炸毁了帛琉群岛上所有的飞机，停在港内的日军船只多数被毁。

4月中旬，美第58航母编队对特鲁克群岛发动大规模的空袭，把日军刚从拉包尔转移到特鲁克群岛的飞机几乎全都击毁。

这使登陆塞班岛的美军部队解除了可能来自特鲁克岛的巨大威胁。

1944年6月6日，盟国经过两年的准备，盟军登陆特混编队开始了诺曼底登陆战役。与之遥相呼应，斯普鲁恩斯率领由650艘舰船组成的美舰队，开始了“征粮者”登陆战役。

事实上，在马里亚纳群岛进行的登陆的难度并不低于诺曼底登陆。美军必须从珍珠港把主力部队运到塞班岛，将在海上航行3000海里。部分美军从马绍尔群岛的埃尼威托克岛出发，在海上的航程也超过1000海里。

从制定“征粮者”计划，到准备战役的时间，美国只用了3个月。

6月11日，米切尔的第58航母编队到达关岛附近海域，美舰载机群向马里亚纳群岛的南部岛屿群发动了大规模的空袭。

日军没有组织反击，这里的日机都被派往新几内亚、菲律宾群岛去对付麦克阿瑟的盟军了。

13日，7艘战列舰炮轰塞班岛、提尼安岛，但日军的损失轻微，因为战列舰的优势是攻击平面目标，对地下的日军工事无法造成较大的损伤。

14日，克拉克率领两个航空母舰特混大队北上，攻击硫磺岛等处日机场，马里亚纳群岛与日本的空中联系被切断了。

第58航母编队剩下的两个航空母舰特混大队则绕到塞班岛的西侧，准备支援塞班岛的登陆战，并对塞班岛进行持续的空袭。

美海军的潜艇在马里亚纳群岛的附近海区不断巡逻，监视日海军舰队。米切尔的第58航母编队在马里亚纳群岛海域共击落日机147架，完全夺取了制空权，为美军登陆塞班岛解除了空中威胁。

血染塞班岛

6月16日，塞班岛上的美日军队进行了更加残酷的争夺战。

盟军在太平洋战场进行了强大的战略反攻。日本的国力和军力已经逐渐枯竭，防御作战接连失利。在这种背景下，塞班岛之战开始了。

塞班岛长约30多公里，宽约10公里，是个珊瑚火山岛。守岛日军有近3万名，由斋藤一次陆军中将和南云忠一海军中将共同指挥。塞班岛是马里亚纳群岛中防御最强的一个岛。

日军在塞班岛的防御方针是“歼敌于水际”。在美军登陆以前，塞班岛的工事还没有来得及修筑完毕，滩头与暗礁上没有布水雷，塞班岛上没有形成有组织的纵深防御阵地。

塞班岛的防御火力很强，各种火器都经过了精心的配置和伪装，能够有效控制登陆海滩。

登陆以前，美军开展了3个月的登陆战训练和登陆演习。登陆前4天，美军向塞班岛进行了猛烈的轰炸，还出动了蛙人爆破队，对登陆水域进行搜索，扫除水雷和清除水下障碍物。为了迷惑日军，登陆前美军在太平洋很多岛屿进行了一系列佯攻。

1944 年 6 月 15 日，美海军陆战队第 2 师、第 4 师和步兵第 27 师共 12.7 万人，在 8 艘航空母舰、7 艘战列舰、11 艘巡洋舰和 50 艘驱逐舰的护送下，向塞班岛驶去。

上午 8 时 30 分，在舰炮和飞机的支援下，史密斯中将指挥陆战队第 2 师和陆战队第 4 师开始登陆。20 分钟内，近 8000 名陆战队员乘坐 700 多辆两栖运兵车朝滩头冲去。

岛上的日军发射了雨点般的炮弹，在海面上掀起了许多个大水柱。但美军的两栖运兵车仍旧向滩头冲去。有些运兵车被炮弹击中，很快就沉没了。侥幸逃生的士兵，奋力朝岸上游去，有些士兵爬上其他运兵车。

这时，躲在工事里的日军疯狂地朝美军射击。虽然日军的防御工事没有修成，可是岛上的地形十分复杂，使他们躲过了美军的轰炸，尤其是很多经过精心伪装的大炮，没有被美舰炮击毁，这时都发挥了巨大的威力。

美军英勇地冲锋着，每前进一步伤亡都在增大。美军离沙滩已经很近了。冲在前面的水陆坦克，被两栖运兵车追上。第一批美军上岸了。

在滩头，美军遭到了日军疯狂射击。日军在战壕里用重机枪朝刚上岸的美军扫射。许多美军倒下了，幸免于难的美军纷纷趴在沙滩上。这时，水陆坦克还没有上岸，美军不能前进。

上午10时，水陆坦克上岸了。在坦克的支援下，美军纷纷向岸上推进。可是，面对日军的疯狂扫射，美军的伤亡更大了，推进的速度也下降了。

黄昏，已经有 2 万名美军登陆，推进的距离只达到预定的一半，但却伤亡 2000 人。而且，在美军的防御阵地上还有一个大的缺口。

深夜，为了对付日军可能发起的反攻，美军一直保持着警惕，多次发射照明弹。很快，日军发动了反攻。日本兵纷纷喊叫着，端着刺刀朝美军扑来。

美军没有被日军的疯狂进攻所吓倒，美军把日军的方位报告给在海上的战舰，舰炮用强大的火力进行轰炸。

随着暴风雨般的轰炸，前面的日军全部炸死在炮火之中。然而，不甘示弱的日军再次发动集团冲锋，等待日军的又是被炸死。

同时，日军的大炮也在不停地轰炸，日军的炮火非常猛烈，是美军以前登陆时所不曾遇到过的。很多日军从美军防线的缺口处冲进，跑到美军防线的后面，很快被美军的后续部队歼灭了。

拂晓，日军再次组织集团冲锋。这次，日军突破了美军的防线。双方进行了激烈的白刃战。枪声、拼杀声、哀嚎声连在一起。最后，日军被击退了。虽然日军疯狂地进攻，但美军仍然守住了防御阵地。

尽管登陆的陆战队伤亡重大，但在旗舰上的特纳中将认为，登陆是顺利的。他认为塞班岛在一个星期内就可以攻下。6月16日上午，特纳向斯普鲁恩斯建议，把登陆关岛的日期定为6月18日。

而斯普鲁恩斯早就接到了“飞鱼”号潜艇的报告，说有日军航空母舰编队自菲律宾群岛向东出动。

6月16日4时，斯普鲁恩斯接到“海马”号潜艇的报告，另一个日海军舰队自苏里高海峡向北驶来。

斯普鲁恩斯认为海战快开始了，立即取消于6月8日攻占关岛的命令，立即抽调美第5舰队的主力迎战日航母编队。

6月16日，塞班岛上的美日军队进行了更加残酷的争夺战。日军的炮火很凶猛，美军的水陆坦克损失惨重，无法发挥作用了。这时，美军已经全面上岸参战，形势十分危急。若战斗这样打下去，美军可能会失去战役的主动权。

6月17日，美军终于击败凶残的日军，开始向纵深推进。经过几天的激战，日军被围困在高地上的袋形地区中。这里原是一座火山，山里到处都是岩洞，是天然的防御工事。

日军利用岩洞，准备顽抗到底。美军的主力部队绕过岩洞。美军派出

美军正在掩埋在塞班岛战役中战死的日军

特种部队，用火焰喷射器和炸药包对付洞中的日军。

岛上的日军渴望日海军联合舰队来支援，继续疯狂地射击。在马里亚纳海面，赶来的日本舰队被美海军打败了，塞班岛的日军已经成了美军的猎物。

6月底，躲在岩洞中和地下工事里的日军断粮了，被迫用草根树皮充饥。

7月6日，岛上的南云忠一海军中将切腹自杀。随后，斋藤一次陆军中将和其他军官纷纷自杀。

忽然间，一阵喊叫声从远处传来。日军纷纷跑过去观看，原来是许多伤兵正在跳崖自杀。一些日军问他们为什么要自杀。众伤兵泪流满面，一位伤兵说："美军残忍至极，竟用黑猩猩打仗，女人若当了俘虏，统统会与黑猩猩交配，生了怪物以后杀掉。男人落在黑猩猩手中，都会被喂了黑猩猩。我们要到靖国神社去了。”许多日军官兵听完，一阵毛骨悚然。

一位日本军医带着 300 多名伤员向悬崖边上走去，“再见吧，母亲！”的喊声不断传来。随后，响着阵阵手榴弹的爆炸声，2000 多名不能行走的伤兵自杀了。

7 月 7 日清晨，塞班岛上的 3000 名日军，叫喊着“天皇万岁”，端着机枪和步枪，冲向美军阵地。美军凭借武备上的优势，击退了日军的进攻。

7 月 8 日，美军全部占领了塞班岛，继续扫荡躲在洞中的日本军民。一位美国黑人士兵发现了一座悬崖，上面站满了几千名日本人，正陆续跳崖。

“日本平民们，现在战斗已经结束，等待你们的将是安全和食物，不要自杀！”跟着追上来的美军翻译用日语喊到。

“快，先把孩子扔下去。”一个伤员说完，从女人手中抢过孩子，扔下悬崖。孩子的母亲跟着跳了下去，其他人相继跳下悬崖。

美军冲了上来，想阻止日本人跳崖。日本人误以为要抓他们当俘虏，纷纷跳崖。美军被这悲惨的景象惊呆了。

塞班岛 3.2 万平民中竟有两万多人自杀，崇尚自由、视生命高过一切的美军将领对此大为不解，尼米兹说：“这可能就是东方人所崇尚的气节。”

塞班岛战役结束。塞班之战的代价是非常大的，日本军民 3 万多人死亡；在 7 万名美军中，伤亡 1.5 万人，其中 3000 多人死亡。

塞班岛战役使美军付出了高昂的代价，使日本的“太平洋防波堤”彻底崩溃，“绝对国防圈”中的关键岛屿被攻占。

日本统帅部认为盟军西南太平洋战区的部队可能抢先对菲律宾群岛发动进攻。中太平洋战区的盟军会寻找日海军联合舰队决战，同时加紧对中太平洋战区其他岛屿的攻占。

7 月 18 日，刚刚公开的塞班岛沦陷的消息引起了日本国民的愤怒，东条英机被赶下台，小矶国昭出任日本新首相。

海上的殊死较量

日机像树叶一样地向下坠落，共有42架日机被击落。

就在美军和日军在塞班岛上激战时，美第5舰队与小泽治三郎的第1机动舰队，在菲律宾海域进行了大规模的海战，它的胜负不仅关系到塞班岛上的争夺战，而且对麦克阿瑟的西南太平洋盟军进攻菲律宾群岛非常有利。

1944年6月15日，小泽治三郎率领日本舰队分为甲、乙、丙3支部队由塔威塔威岛出发了。日本舰队共有9艘航空母舰和舰载机约475架。

米切尔率领的第58特混舰队，拥有15艘航空母舰和956架舰载机。丰田副武估计海战将在关岛和邻近岛屿日机的作战半径以内，在美国岸基飞机的作战半径以外的海域展开。

6月17日晨，斯普鲁恩斯得知小泽率第1机动舰队进入菲律宾群岛海域后，命令米切尔的第58航母编队向第5舰队的其他舰队靠拢。黄昏，第5舰队集结完毕。

第5舰队在太平洋上摆开30海里长的防线。第58航母编队的4个航空母舰群组成了两条横线，7艘战列舰组成了一条竖线。

与此同时，正在朝塞班岛逼进的小泽向第1机动舰队发布了战斗命令。小泽的第1机动舰队在数量上处于绝对劣势，而且舰载机性能低劣，最重要的是日军飞行员缺乏空战经验，美军飞行员的数量是日军的两倍。

丰田副武认为可以利用岸基飞机去弥补巨大的差距，命令栗田健男率领一支包括3艘轻型航空母舰的舰队去吸引美第5舰队，而小泽的由6艘航空母舰和5艘战列舰组成的第1机动舰队在距离栗田85海里的后边准备攻击美第5舰队。

6月18日，美日舰队在马里亚纳群岛以西的菲律宾海面上寻找对方。美海军提防着日海军的舰载机，而日海军极力避免美海军7艘战列舰的舰炮发挥可怕的威力。

19日晨，小泽发出无线电信号调动一支在关岛加油的机群时，斯普鲁恩斯发现了日第1舰队的位置。

此时美日舰队相距约270海里，斯普鲁恩斯的舰载机无法攻击日第1舰队。为了防止日本岸基飞机的攻击，6月19日晨，第58航母编队出动33架舰载机攻击关岛的岸基飞机，击毁日机35架。至此，美军把日军在马里亚纳群岛上所有的岸基飞机都击毁了。丰田副武并不知道他寄予厚望的岸基飞机已经没有了。

6月19日天刚亮，飞来几架日军彗星飞机。美军泼妇式战斗机马上扑了上去。很快，泼妇式战斗机击落一架彗星飞机。

大批日军飞机准备从关岛起飞，米切尔出动33架泼妇式战斗机前去攻击，约有30架日本战斗机和轰炸机被击毁。近10点时，泼妇式战斗机奉命返航。

第一批日军69架舰载机飞抵西面140海里上空，美军雷达已经发现了它们。

8点30分，第二批128架日机开始起飞。第一架起飞的日机发现海面上有一枚鱼雷飞向“大风”号航空母舰，立即俯冲下去，将鱼雷撞爆。另一枚鱼雷击中了“大风”号的右舷，加油管路因鱼雷爆炸而受损，但“大风”号上的日机继续起飞。

米切尔下令所有的泼妇式战斗机出动拦截日机。地勤人员在航空母舰的甲板上忙个不停，飞行员们跳进座舱，庞大的泼妇式战斗机依次滑出甲板，让战斗机起降、加油和补充弹药，米切尔命令所有的鱼雷轰炸机和俯

美国海军航空兵 F6F 泼妇式战斗机群

冲轰炸机都升空。

日本航空母舰距离美舰队 400 多海里，鱼雷机和俯冲轰炸机无法去攻击它们，只好在非作战海域上空待机。几分钟内，美军 140 架泼妇式战斗机与 80 架泼妇式战斗机会合后，去迎击日机群。

双方机群在距离美航母舰队约 90 海里的上空相遇。泼妇式战斗机群向下方的 69 架日机俯冲。日机像树叶一样地向下坠落，共有 42 架日机被击落。日机无法靠近美航空母舰，美军只损失了 1 架战斗机。

半小时后，泼妇式战斗机拦截第二批 128 架日机。所有的泼妇式战斗机都参加了空战。只有 20 架日机冲过泼妇式战斗机的封锁，大部队被战列舰击落了。6 架彗星舰载俯冲轰炸机攻击“黄蜂”号和“邦克山”号航空母舰，仅造成轻伤。此次空战中，只有 15 架日机返航。

小泽海军中将并不知道日军损失重大，又出动了 49 架飞机，有一半飞机没有找到美舰队。另一半日机遭到泼妇式战斗机的围攻，被击落 7 架，剩下的飞机攻击美国航空母舰，但没有造成损失。

小泽又出动 82 架飞机，结果只有没有被击落的 9 架日机飞向关岛。

午前，“棘鳍”号潜艇钻入日本舰队，向“翔鹤”号航空母舰发射 3 枚鱼雷。3 个小时后，“翔鹤”号沉没。

不久，“大风”号航空母舰加油管路因鱼雷爆炸受损后，不断冒出的汽油蒸气引发了大火，把装甲飞行甲板炸开大洞，随后沉没。

这次交锋，美军潜艇击沉两艘日航空母舰，美战斗机击落 373 架日机。美机损失了 23 架飞机。

6 月 20 日黄昏前，美侦察机又发现了日舰队。米切尔进退两难，根据飞机油箱的储油量，不一定能在夜里回到航空母舰，飞行员只有少数人能摸黑降落。若等到天亮再进攻，会失去攻击日舰队的机会。

很快，米切尔下令起飞，116 架飞机从 10 艘航空母舰飞走了。日落时，美机群发现了日舰队。

小泽拼凑了 75 架飞机，但它们挡不住美机。日舰队的两艘油船受到重创，“飞鹰”号航空母舰中了鱼雷后起火沉没。“瑞鹤”号、“隼鹰”号和“千代田”号航空母舰受创，65 架飞机被击毁。

只有少数美军飞行员在黑暗的飞行甲板上安全降落，多数飞行员认不出哪些是航空母舰，哪些是军舰。一些飞机被迫在海上迫降。米切尔承担舰队亮灯后引来日军潜艇的巨大危险，下令：“开灯！”

航空母舰上灯火辉煌，军舰不断地发射信号弹，飞机在航空母舰上降落了。在水上和航空母舰上降落时，美军损失了近百架飞机，但飞行员大多数得救了。

菲律宾海战的胜利，使马里亚纳群岛的主要岛屿上的日军完全与外界隔绝。不管塞班、提尼安岛和关岛的日军如何顽强，孤立无援的日军注定要灭亡的。

强取提尼安

面对美军的步步紧逼，日军龟缩于南部高地和悬崖上。

美军用舰载机和舰炮火力，对塞班岛以南的提尼安岛进行了火力准备。提尼安岛比较平整，日军建有 3 座机场，第 4 座机场也在修建之中。

不过登陆提尼安岛难度也很大，沿岸几乎都是山崖。适合登陆的海滩有日军重兵把守。美军水下爆破队侦察后，发现提尼安岛的西北角有两处没有日守把守的海滩。

日军指挥官认为在这两处登陆是不可能的。它们的正面宽度不大，美军无法展开兵力。日军没有在这两处布设水雷和人工障碍物，美军的履带登陆车可以上岸。

特纳决定把登陆地点选在这两处，进攻日期为 7 月 24 日，由第 2 陆战师和第 4 陆战师攻占提尼安岛。

1944 年 7 月 24 日，美第 5 舰队向提尼安岛进行大规模的空袭和舰炮打击。为了欺骗日军，运送第 2 陆战师的运输舰纷纷放下登陆艇，登陆艇向日军防守的海滩冲去。

日军的火炮立即向美军的登陆艇射去，登陆艇在距离海岸 2000 米时立即返航，驶回登陆舰，日军阵地一片欢呼。

与此同时，第 4 陆战师的登陆艇趁机从登陆地点上岸。坦克登陆舰载运的履带登陆车分为 15 个波次，用较小的间隔纷纷把陆战队员送上岸。

装备、补给品、车辆也同时通过两个狭窄的登陆地点源源不断地向岛上运送。美军登陆后，立即呈扇形向岛上推进，在海岸上建立起了防御阵地。

在提尼安岛上的美军无法利用平坦的田地来遮掩他们的推进，美军随着炮火的向前延伸让步兵逐步向岛上推进。

美军在向提尼安岛推进时，遭到日军的猛烈反攻。经过反复争夺，美军于 27 日稳住了防御阵地。

面对美军的步步紧逼，日军龟缩于南部高地和悬崖上。

经过美国海军工程营修复后，提尼安岛上的机场可以使用了。美军运输机为海军陆战队运来了大量的补给品。

美军控制了提尼安全岛，大部分日军被击毙，小股日军躲在丛林里拒不投降。

在攻打提尼安岛地下工事的时候，为了摧毁日军的坚固工事，美舰载机投掷了凝固汽油弹，起到了很大的作用。

提尼安岛的战斗，美军损失 1700 多人，日军损失 6050 人。

关岛之战

日军发动了最后一次反攻，但美军又一次击溃了日军。

根据“征粮者”计划，由康诺利的南部登陆编队负责攻占关岛，所属部队为第 3 两栖军。特纳没有想到塞班岛登陆战伤亡那么大，知道用康诺利的不足 2 个师的兵力是很难攻下关岛的。

特纳需要启用总预备队，但总预备队的陆军第 77 师正在夏威夷群岛中瓦胡岛上的珍珠港基地，将第 77 师运到关岛需要很长时间。

这给美军足够的时间向关岛发动舰炮轰击和舰载机空袭。

太平洋战争爆发前 40 年，关岛一直是美国的国土，可是美国却没有关岛地图。

第 5 舰队对关岛使用了潜艇侦察、照相拍照等手段，还是无法掌握足够的资料。

美军陆战队和美舰队急需阿普拉港和奥罗特半岛作为登陆基地，再加上关岛东部的浅水中到处都是带锯齿的珊瑚礁，登陆艇是无法通过的，而且 7 月份的天气大多是糟糕的。

美军把登陆地点选在阿普拉港的阿散滩头和阿加特滩头，准备同时登陆，攻下阿普拉的港口和机场。

从 6 月开始，美军就持续向关岛进行舰炮轰击、舰载机轰炸和扫射。同时，第 3 两栖军在埃尼威托克岛等待陆军第 77 师的增援。

7 月 21 日，第 3 两栖军的第一波水陆坦克和履带登陆车从坦克登陆舰驶出，冲向登陆地点。第 3 陆战师在阿散滩头登陆，很快就建立了滩头阵地。午后，第 3 陆战师两万人全部登陆。第 3 陆战师发现登陆场两侧是挺拔的阿散海角和阿德拉普海角，正面是半圆形的小山。

第 3 陆战师的登陆场十分拥挤，日军炮兵居高临下，给陆战队造成了重大损失。随着美军炮兵的反击，舰炮和舰载机的近距离轰炸，日军炮兵被压制了。

7 月 22 日拂晓，日军发动反攻，被陆战队击溃。晚上，日军再次反攻。日军损失过半，幸存的日军逃了回去。

在美炮兵部队和海军舰炮的掩护下，陆战队向小山扑去，把躲在岩洞和隘口上的日军击毙。

24 日，陆战队占领了制高点。25 日夜晚，日军向陆战队的北部防御阵地发动了疯狂的反攻，由于孤立无援，日军在美海军舰炮和滩头火炮的轰击下，至 26 日中午，北部日军的攻势变得软弱无力了。

第 1 暂编陆战旅和第 77 陆军师在南部阿加特滩头登陆，日军拼死抵抗，但在舰炮的打击下，日军渐渐不支。

23 日傍晚，美军占领了阿加特登陆场的高地。日军的攻击仍然顽强，但都被美军击溃。

29 日，美军占领奥罗特机场，工程兵立即修复机场。在两个地点的美军阵地连成了一片。美军攻下了阿普拉的港口及机场，把岛上的日军逼到狭窄的欧罗半岛上。

29 日、30 日，双方都进行了休整。

7 月 31 日，第 3 陆战师在左侧进攻，第 77 师在右侧进攻，第 1 暂编陆战旅作为预备队。在此后的两个星期里，双方持续激战，美军逐渐蚕食日军的阵地，把日军挤压在里提迪安海角和帕提海角。

日军发动了最后一次反攻，但美军又一次击溃了日军。8 月 8 日下午，第 3 陆战师占领里提迪安角。9 日，第 77 师占领帕提角。

8 月 12 日，第 77 师占领日军司令部，日军司令官剖腹自杀。

在关岛上还有近 9000 名日军在丛林里负隅顽抗，小规模的战斗一直持续到日本投降为止。

关岛登陆战，日军阵亡 1.7 万人，美军伤亡 7000 人。

至此，美军控制了号称“太平洋防波堤”的马里亚纳群岛。

第十一章

菲律宾群岛之战

麦克阿瑟饮恨菲律宾

麦克阿瑟不相信日军敢进攻菲律宾，他看不起“日本鬼子”。

在美陆军参谋长任期内，麦克阿瑟在各种场合为陆军大声疾呼，并声称：“绝不能在我的任期内，将伟大的陆军毁掉。”

后来，凭着军人的直觉，他感到对日战争的爆发是迟早的事情。麦克阿瑟不想虚度剩余的年华，他回到菲律宾，来到战争的最前沿。

麦克阿瑟抓紧训练陆军，至1940年12月，他训练出了3.5万民兵。他的参谋长艾豪威尔中校也积极参加建立军事学校和组建空军的工作。

1940年末，菲律宾空军只有40架陈旧的飞机和100名飞行员。海军建设更糟，只有两艘从英国购进的鱼雷快艇，外加美国的6艘。12月，艾森豪威尔强烈要求回国，麦克阿瑟只好放人。

大战在即，麦克阿瑟向罗斯福总统紧急求援，要求提供足够的武器装备和正规军。罗斯福总统拨给麦克阿瑟1000万美元，陆军部紧急运送武器装备，空军部也向菲律宾紧急提供轰炸机和战斗机。

1941年，太平洋战争爆发后的第一周，日军占领了泰国，进军马来亚半岛。12月25日，香港沦陷，驻港英军投降。

由7000多个岛屿组成的菲律宾群岛，是太平洋和南中国海、印度洋交通要冲。吕宋岛是菲律宾最大的岛，岛上建有美国在远东地区最大的军事基地克拉克和甲米地。

日军企图攻占菲律宾群岛，把美军赶出远东地区，控制日本至东南亚之间的海上交通线。

日军参战部队是由本间雅晴中将率领的第14集团军，下辖第16师、第 48 师和第 65 旅，共 5.7 万人。配属部队有海军第 3 舰队、第 11 航空队以及陆军第 5 飞行集团，装备了各种舰只 43 艘，500 架飞机。另外，南方军的第 25 集团军的一些部队也给予支援。

美国在制定太平洋战区的作战计划时，对坚守菲律宾缺乏信心。夏威夷群岛海空军基地与菲律宾相距 4000 海里，很难支援菲律宾。菲律宾的防御主要靠驻菲美军和菲律宾军队。

美国希望远东军司令麦克阿瑟指挥驻菲美军能够挡住日军几个月，这样美国就有时间增兵了。在 13 万人的美菲部队中，美军只有 1.6 万人。菲律宾军队是仓促组建的，缺乏训练，装备很差。大多数菲军官兵不准备抵抗日军，对他们来说，只是换了个新主人而已。

相反，日军拥有第 16 师团和第 48 师团，是由曾经在中国身经百战的老兵组成。日军还有庞大的舰队支援，拥有 2 艘航空母舰、2 艘战列舰、13 艘巡洋舰和 31 艘驱逐舰。日军还可以利用台湾的陆基飞机攻击菲律宾守军。

1941 年 12 月 7 日，美军陆军部作战处处长伦纳德 · 杰罗将军告诉麦克阿瑟，珍珠港已经遭到袭击，但没有说出美军的损失情况。

麦克阿瑟叫道:“珍珠港！它可是美军最强大的基地呀！”杰罗说:“不要大惊小怪，你那里也将遭到进攻，那是肯定的。”麦克阿瑟说:“告诉马歇尔将军别担心，这儿没事。”

麦克阿瑟并不知道，美太平洋舰队已经遭受重创，他的菲律宾群岛成了没有人保护的孤儿，是注定要沦陷的。

麦克阿瑟不相信日军敢进攻菲律宾，他看不起“日本鬼子”。日本兵绑腿不整，军衣宽大，裤管松弛，短短的罗圈腿。

他以为日军在珍珠港肯定遭受了重创。他认为，受到重创的日军是不敢进攻菲律宾的。这种判断使他在菲律宾战役的最初几小时中对日军的战斗力缺乏足够的认识，疏于防范。

1941年12月8日9时，日军出动500架飞机把马尼拉附近的克拉克和伊巴机场上的200架飞机炸毁100架。后来，日军又多次发动攻击，几乎歼灭了麦克阿瑟的空中力量，炸沉美舰艇4艘，炸毁了海军巡逻机1/4。

菲律宾防御的主要支柱远东空军被日军摧毁以后，麦克阿瑟期待着能有什么奇迹出现：飞机没了，不是还有潜艇部队吗？美国最大的潜艇部队就在菲律宾群岛海域。美国的另一支护航舰队正朝马尼拉驶来。罗斯福总统还亲自发来电报，告诉麦克阿瑟援兵正在途中。

可是，麦克阿瑟的所有希望都破灭了。12月中旬，海军上将欧内斯特·金在听说日本在菲律宾海域部署了强大舰队以后，命令向马尼拉驶去的护航舰队改航，撤到澳大利亚。

这样，美国海军无法完成麦克阿瑟所提出的“彩虹5号”作战计划规定给它的补给任务，更不可能与日舰队决战了。

对海军的“背信弃义”，麦克阿瑟一直无法原谅。后来，麦克阿瑟回忆说“棉兰老岛是能够通行的，这里由我们的部队坚守着。海军在以后两

向马尼拉进军的日军战车部队

年内无法得到任何新的战舰，不是在作战中也取得了很大的胜利吗？”

麦克阿瑟希望靠潜艇部队保卫菲律宾，可随后几天，潜艇一艘艘地奉海军之命撤离菲律宾，哈特、威克斯等海军将领也趁机溜走。这种逃跑行为，使麦克阿瑟暴跳如雷。

麦克阿瑟在发给华盛顿的电报中，强烈指责海军的逃跑行为。麦克阿瑟与海军产生了严重的分歧，这种情况一直延续到二战结束。

在第二次世界大战期间，海军将领们到处都在讲麦克阿瑟的坏话，他们把麦克阿瑟逃离菲律宾时曾经坐过运输机的事情大肆宣扬，把运输机上的两个头等座位戏称为“麦克阿瑟席”，以讽刺麦克阿瑟。

12 月 20 日，日军以 1 个联队的兵力占领了菲律宾第二大岛棉兰老岛。12 月 22 日，日军登陆部队在海空军的护送下，绕过美军的重要防区，兵分两路在拉蒙湾和吕宋岛的仁牙因湾登陆。25 日，日军在和乐岛登陆。17 天内，日军在 9 处登陆成功。

由于菲律宾海岸线漫长，美菲部队的防御兵力分散。在日军的突然攻击下，麦克阿瑟被动应战。

日军主力部队在吕宋岛上的林加延湾一带发动进攻。麦克阿瑟认为美菲军队是日军的 2 倍多，完全可以守住吕宋岛。

根据原来的“桔子计划”，美军一旦遭到日军的进攻，马上退到首都马尼拉附近的巴丹半岛上，凭借那里的军需供给和坚固的防御工事阻击日军，等待海外援军的到来。

麦克阿瑟制定了新的作战计划，决定在海滩上迎击日军。结果，战线过长的 2 个菲律宾师在林加延湾的海滩上与两个身经百战的日军师团遭遇了。

在第一天的交战中，菲律宾军受到日军陆海空的立体攻击。菲律宾军队全线溃退，美乔纳森·温赖特将军出动训练有素的菲律宾童子军前去抵抗日军。450 名菲律宾童子军用手中的轻武器抵抗日军装甲大队长达两个小时，为菲律宾守军的撤退赢得了时间。

麦克阿瑟原来决定退守巴丹半岛，可是现在守军必须打回巴丹半岛，路程长达 240 公里，还要经过崎岖不平的山地。最糟糕的是部队在撤向南方的路上，扔掉了大部分军需品。一支 7000 人的日军在马尼拉南面的拉蒙湾向马尼拉进军。

日军的本间雅晴将军命令日军马上攻占马尼拉，他以为美军一定会在马尼拉与日军进行最后的决战。麦克阿瑟趁机率部退守巴丹半岛。

1942 年 1 月 1 日，一路日军进驻布拉坎、圣赫鲁和德门附近，一路日军进驻萨勃特，形成了对马尼拉的包围。1 月 2 日，日军占领马尼拉。

1942 年 1 月 10 日，日军向巴丹半岛的美菲军队发起总攻，由于南方军把第 5 飞行集团和土桥师调走，参加荷属东印度群岛的战斗，菲律宾日军的力量大减。

这时，麦克阿瑟已经在纳蒂布山布置了防线，但部队的军需给养严重缺乏。士兵每天只得到一半的粮食供给，贮藏的粮食只够吃 20 天了。骑兵部队杀光马匹后，又杀光了水牛。由于药品匮乏，疾病蔓延全军。

1 月初，日军进攻纳蒂布山的美菲军队防线，美军猛烈的炮火攻击给日军造成了重大伤亡。

1 月 15 日，麦克阿瑟向巴丹守军宣布：“我们的部队比日军要多得多。美国的援助就在途中，几万美军和几百架飞机正在调运，只要我们坚持，就能胜利；我们逃跑，就会死亡。”

麦克阿瑟为明显的谎话感到不安，不敢去见手下的官兵，以免出现尴尬的场面。士兵们看破了谎言，他们生气地唱道：我们是巴丹的弃儿，没有爹没有娘，山姆大叔也不知去向……没有枪没有炮，没人管没人要！麦克阿瑟狗，躲在地下面，吃喝在巴丹；且看他部下，饿死无人管。

一支日军大队穿插渗透，通过纳蒂布山最陡峭的山崖出现在纳蒂布山防线背后。美菲军面临被全歼的危险，麦克阿瑟下令向南撤退，被迫扔掉许多大炮。

1 月 26 日，麦克阿瑟在巴加克－奥里翁一带部署了新防线。8 万名守军和 26 万名难民挤在面积 16 平方公里的狭小阵地上。军民都沿着巴加克－奥里翁防线住着。

同样，日军的处境也不妙。日军进攻时伤亡惨重，再加上疾病流行，减员较大。

1 月 28 日，日军被迫停止进攻。本间将军渴望得到给养补充和援军的增援。直到 3 月初，日军不断向菲律宾增兵。

3 月底，持续的饥饿，酷热的天气，肆虐的疾病不断地折磨着美菲军队。因为由于日本海军拥有制海权，军需给养品无法运到被围困的巴丹守军那里，麦克阿瑟频频向罗斯福总统求援，可他却得不到任何补给品。

组织救援远征行动会使仅剩的美国舰队陷入绝境，罗斯福不肯冒这个险。巴丹守军只能靠自己了。

麦克阿瑟指挥时犯了多次严重的错误，军官们对此十分不满。他们为了讽刺麦克阿瑟总躲在防线后面指手画脚，称他为“防空洞里的麦克阿瑟”。而日军也视麦克阿瑟为“眼中钉”“肉中刺”。

相对于全世界的大溃退来说，麦克阿瑟指挥美菲部队抵抗日军成为当时唯一的亮点。从 1941 年 12 月 8 日至 1942 年 3 月 11 日所发布的 142 份战报中，有 109 份提到麦克阿瑟。一些美国国会议员把他捧上了天，企图把他调回国内担任陆军元帅。

麦克阿瑟成了美国在第二次世界大战中的第一位英雄，国会授予他荣誉勋章，菲律宾总统奖励他 50 万美元。

尽管菲律宾是守不住了，但罗斯福认为，美国太需要麦克阿瑟这样的英雄了，他不能死在巴丹半岛。

3 月 12 日，麦克阿瑟奉命乘舰离开巴丹半岛，赴澳大利亚组建西南太平洋美军司令部。麦克阿瑟难过地向留下来的部队发誓：“我一定会回来的！”疲惫不堪的美菲部队心里都明白，他们的司令官临阵逃跑了。美菲部队所期待的增援彻底落空，美军士气更加低落。

当麦克阿瑟乘坐火车进入墨尔本时，澳大利亚人把他当成救星一样来欢迎。麦克阿瑟希望率领澳军收复菲律宾，可是澳大利亚军队还不足 2.5 万陆军，大部分是后勤部队；空军的飞机大部分无法使用，海军的情况更糟糕。

巴丹岛上的美菲部队由温赖特将军指挥，他知道灭亡之日不远了。美菲部队在南面击退了日军的几次登陆行动。

4 月初，日军在东南亚其他战场势如破竹，两个师团也来增援菲律宾。4 月 3 日，日军 3 万人向巴丹守军发动了第二次总攻，准备歼灭巴丹部队。

麦克阿瑟正在澳大利亚，下达了全线反攻的命令。巴丹守军不服从他的命令。巴丹守军每天饿得要死，再加上近 80%的人患了疟疾，75%的人患了痢疾，35%的人患了脚气。

在日军的疯狂进攻下，巴丹守军全线溃退。温赖特将军把指挥部搬到小小的科里吉多岛上。4 月 9 日清晨，巴丹半岛的守军 7.5 万人全部投降。

为了阻止来自海上的日军登陆，温赖特将军组织部队在科里吉多岛上架满了大炮。另外，守军可以躲在科里吉多岛上的许多石头坑道中。

科里吉多岛的守军明显地处于劣势，他们的供给严重匮乏，尤其是缺乏淡水。这支部队还遭受着疾病的折磨。

日军决心结束菲律宾战役，用 100 门大炮包围了科里吉多岛，进行长达 3 个多星期的毁灭性炮击。5 月 4 日，在日军进攻以前，日军发射了 16 万发炮弹。由于缺乏弹药，守军的海岸大炮几乎没有还击。

5 月 6 日，日军快靠近海滩时，温赖特率守军给日军以重创。很快，日军的士兵和坦克纷纷登陆了。

上午 10 时，温赖特向美国发报，他说：“请通知全国，我的部队已经完成了所有能做的一切，我们捍卫了美国和美军的优秀传统……我带着对

菲律宾和美国士兵在马里沃勒斯向日军投降

我顽强的部队的无限骄傲去见日军指挥官了。”很快，温赖特率科里吉多岛上的1.5万人投降了。

接着，菲律宾群岛其他岛屿的美菲部队多数投降，一部分解散或者躲进深山密林。日军在菲律宾战役中伤亡1.2万人。

1942年3月，麦克阿瑟在澳大利亚的艾丽斯斯普林斯机场没有多做停留，就驱车赶往阿德莱德火车站。麦克阿瑟在回答记者们的提问时，发表了自第二次世界大战开战以来，对美国说来最有鼓舞性的讲话：

“美国政府命令我突破日军的防线，从科里吉多岛来到澳大利亚，按照我的理解，我此次之行是为组织美国对日本的反攻，其中最主要的目标是解救菲律宾。我现在脱险而来，但我将会回去的。”

麦克阿瑟的这番话被当做恺撒式的诺言，一时间传遍整个美国，像一把烈火点燃了美国人民的斗志。

重返菲律宾之路

麦克阿瑟回到指挥部后，制定了代号为“雷诺”的菲律宾战役计划。

麦克阿瑟在堪培拉夸下保卫澳大利亚的誓言后，急忙回到墨尔本，制定澳大利亚的防务计划。

1942 年春天，日本没料到麦克阿瑟敢进军新几内亚群岛，并以此保卫澳大利亚。日军也没有估计到他会利用新几内亚作为反攻的基地，因为麦克阿瑟没有足够的兵力。

事后证明，麦克阿瑟的计划是正确的，将战线北移，使澳大利亚免受进攻，扩大了纵深防御范围。

在麦克阿瑟的领导下，西南太平洋盟军，这个由美国人、澳大利亚人、英国人、新西兰人、菲律宾人等组成的杂牌军，成为一支并不强大，但足以抵御日军的力量了。

随着战争的进行，美国海军连续在珊瑚海和中途岛给日本海军以沉重打击，使之元气大伤，日军的作战行动只能龟缩在南部太平洋和西南太平洋地区了。随后，麦克阿瑟率领美军在太平洋战区展开了戏剧性的大反攻。

1944 年 7 月 24 日，日本统帅部对陆海军下达了决战命令，要求陆海军互相支援，极力维持现有的防御圈，在作战中歼灭美太平洋舰队和盟军在菲律宾群岛的兵力，确保日本内防御圈的绝对安全。

根据日本统帅部的基本精神，日本南方军和日本海军联合舰队制定了抗击美军进攻菲律宾群岛的作战计划。

第一，在菲律宾群岛的吕宋岛与美军展开地面决战。第二，第 14 方面军的山下奉文上将，负责指挥整个菲律宾群岛作战。第三，铃木宗作中将的第 35 集团军在菲律宾群岛中部和南部各岛屿坚守，航空兵部队为陆军第 4 航空军，拥有 1000 架飞机，主要配置在吕宋岛的克拉克空军基地。

日军的计划重点是：把日军舰队集中在某一美军登陆海域附近，由山下奉文率部牵制美军的登陆部队，日舰队趁机歼灭美太平洋海军的主力。

盟军占领塞班岛以后，向西可以进攻菲律宾群岛，向北可以进攻小笠原群岛，直接威胁日本与东南亚地区的海上交通线，可以出动远程轰炸机轰炸日本本土。

尼米兹认为，盟军下一步行动应绕过菲律宾群岛，占领台湾岛和日本的硫磺岛、冲绳岛，如果这些岛屿被占领，就能直接进攻日本。

尼米兹进一步指出，为了完成这一任务，原属麦克阿瑟的美军部队，除了保留 2 个师及几个空军中队外，应都归属到中太平洋战区。

尼米兹的军事计划，得到了美海军总司令金上将的支持，得到了美国参谋长联席会议主席马歇尔和阿诺德空军上将的支持。

对此，麦克阿瑟表示强烈反对。麦克阿瑟说，绕过菲律宾的几十万日军而直接进攻台湾“是完全错误的”。

麦克阿瑟还说，尼米兹的计划是很难成功的，尼米兹的胃口太大了。因为台湾的防御固若金汤，盟军进攻的速度不能太快。菲律宾群岛的吕宋岛是攻打台湾的必经之路。另外，美国有义务解放 1700 万亲美的菲律宾人民和巴丹半岛上近万名战俘。

从美国总统罗斯福到参谋长联席会议的所有成员都非常担心，军界高层产生了严重的分歧，将直接影响战争的进程。

为了调解尼米兹与麦克阿瑟的矛盾，罗斯福决定与他们商谈。会见的地点是夏威夷群岛的珍珠港基地。

7 月 26 日下午 3 时许，麦克阿瑟的专机飞抵希克姆机场。与此同时，罗斯福总统乘坐的“巴尔的摩”号重型巡洋舰驶到了港口。

当麦克阿瑟的专机在机场着陆时，尼米兹上前迎接，陪同麦克阿瑟来到谢夫特堡。接着，尼米兹立即乘车赶往港口。

罗斯福乘坐的巡洋舰靠岸后，尼米兹登上“巴尔的摩”号。尼米兹发现，被疾病折磨的罗斯福总统的脸色苍白，下颚的肌肉明显下垂。尼米兹与罗斯福互致问候之后，就在军舰上交谈起来。

约 1 小时后，一辆红色敞篷轿车在宪兵的摩托车护送下赶到港口。麦克阿瑟身穿一套新军装，头戴元帅帽，戴着墨镜，手中拿着大玉米芯烟斗。这套有点俗气的行头，只要在照片和卡通片中出现，美国人就能马上认出麦克阿瑟来。

人群中爆发出热烈的欢呼，麦克阿瑟快步登上“巴尔的摩”号。第二天，罗斯福、麦克阿瑟和尼米兹等人巡视了陆军和海军设施。他们在海滩庄园共进晚餐。

美太平洋海军总部的墙上挂着一幅巨大的地图，地图上的菲律宾群岛清晰可见。

罗斯福举起长长的教鞭，指着地图上的棉兰老岛，问道：“道格拉斯（麦克阿瑟），我们从棉兰老岛出发后向哪进攻呢？”

麦克阿瑟把自己的计划都说了出来。他最后说：“总统先生，我们能在 3 个月后在菲律宾群岛登陆。我将在日本与东印度群岛之间建立封锁线，卡得日本天皇透不过气来。天皇一定会投降的，根本不用进攻日本。”

尼米兹反对说：“菲律宾群岛的吕宋岛没有任何价值，我们能够绕过菲律宾群岛。海军现在能够远离港口和机场作战。海军的航空母舰能运送 1000 多架战斗机攻打任何目标。海军的海运能力能够一次运送 12 个师登陆，历史上还没有出现过这么强大的海军力量。战胜日本的办法就是孤立日本的所有岛屿，迫使日本投降。我们的下一个目标应该是台湾，而不是菲律宾群岛，再下一个目标是日本的硫磺岛和冲绳岛。我们把日本的所有岛屿孤立起来，不用再登陆了。”

麦克阿瑟、罗斯福、尼米兹（从左到右）合影

麦克阿瑟说："我们不应该抛弃上千万菲律宾人民。至于攻打硫磺岛和冲绳岛，无非是想对两个日军阵地展开伤亡惨重的攻击。为了微不足道的军事利益而遭受重大的人员伤亡是错误的。"

第 2 天上午会议又开始了，麦克阿瑟正在争论着，罗斯福说："但是，如果攻打菲律宾，盟军会蒙受重大伤亡，在菲律宾的日军约有 50 万人。"

麦克阿瑟说："总统先生，从正面进攻的战略已经过时。只有平庸鲁莽的指挥官才会发动正面进攻。"谁都知道麦克阿瑟指的是尼米兹的海军指挥的塞班岛战役，虽然美军占领了塞班岛，但伤亡惨重。

事实上，若不是中太平洋盟军的攻势牵制了日军，麦克阿瑟在西南太平洋就不会势如破竹，人员伤亡也可能很大。

上午的会议没有任何结果。下午和当晚继续开会，一直讨论到午夜。麦克阿瑟不仅说服了总统，而且说服了尼米兹。

宴会后，麦克阿瑟向罗斯福总统保证，他与尼米兹间的分歧都已消除。

麦克阿瑟回到指挥部后，制定了代号为“雷诺”的菲律宾战役计划。麦克阿瑟雄心勃勃，想尽快实现重返菲律宾群岛的诺言。

麦克阿瑟规定：9 月 15 日占领菲律宾群岛外围的摩罗泰和佩莱利乌岛，11 月 15 日在棉兰老岛南部登陆，12 月 20 日在莱特湾登陆。

海军为了支援陆军，9 月 6 日，哈尔西指挥第 3 舰队的航空母舰空袭了雅浦岛、乌利亚岛和帛硫群岛，目标是围困这些岛屿上的日军，摧毁日军的防御工事。

9 月 9 日、19 日，第 3 舰队的舰载机攻击了棉兰老岛，美海军意外地发现岛上日军的空中力量严重不足，几乎没有战机了。

9 月 12 日、13 日，第 3 舰队的航空母舰编队轰炸了比萨扬群岛，这里的日本空军也不堪一击。

哈尔西向麦克阿瑟和尼米兹建议，取消登陆棉兰老岛和雅浦岛的作战计划，直接进攻莱特岛。

尼米兹和麦克阿瑟表示同意，提交美国参谋长联席会议讨论。很快，参谋长联席会议批准了攻打莱特岛的计划，要求尼米兹把第 3 两栖编队和第 24 军暂时划归麦克阿瑟指挥。

麦克阿瑟修改了“雷诺”战役计划，盟军的登陆地点位于莱特岛东北部沿岸的平原地带。麦克阿瑟准备出动 4 个师的兵力在莱特岛登陆，共 17.4 万人。而日军在莱特岛的地面部队只有 2.2 万人。

为了保证菲律宾战役的顺利进行，盟军航空兵部队从 10 月 7 日起，对菲律宾群岛的日军进行猛烈的攻击。

哈尔西指挥第 3 航空母舰舰队的舰载机，轰炸了菲律宾群岛的日空军基地，以使日本空军瘫痪。同时，新几内亚群岛的美第 5 航空队和马里亚纳群岛的美第 7 航空队也分别轰炸了许多日军基地。

10 月 12 日，约 600 架美军舰载机空袭台湾南部。同时，驻印度加尔各答的美军出动 100 架重型轰炸机轰炸台湾。途中，日军战斗机纷纷迎战，发动了自杀式攻击，但无力与盟军的空中力量相抗衡。一天连遭两次大规模空袭，使日军在台湾的空军部队受到重创，还有 2 艘日军驱逐舰受到重创。

空战结束后，东京广播电台向全世界宣布：我部队连夜猛攻台湾及菲律宾以东海面的盟军机动部队，击沉盟军航空母舰 11 艘、战列舰 2 艘、巡洋舰或驱逐舰 1 艘……

日本国民马上在日本各地举行了狂热的庆功活动。日本内阁向天皇和所有的“胜利者”庆功。日本首相小矶国召喊道：“胜利就在眼前！”

德国元首希特勒和意大利元首墨索里尼纷纷发来了贺电。

不久，日军侦察机竟在台湾、菲律宾东部海域发现了十几艘美军航空母舰。原来，在空战中，许多第一次参战的日军飞行员们，把炸弹炸起的浪花或者日机在海面上爆炸，都误以为是美军战舰在下沉。为此，日本政府丢尽了脸面。

对此，哈尔西对记者们说：“我匆忙打捞了刚被日军炸沉了的美军第 3 舰队以后，立即撤到了菲律宾东部海域。”

哈尔西留下一支巡洋舰编队迷惑日军，同时命令航空母舰特混编队驶进菲律宾海域躲避日机的轰炸。

日军出动 600 架航空母舰上的舰载机，准备消灭美航空母舰编队，但却上当了。当日军机群返航时，哈尔西指挥航母上的舰载机，追击日军机群，把日机半数击落。

这一阶段的战斗，美军先后击毁日机 650 架，摧毁日军在台湾修筑的大量岸防工事。

登陆莱特岛

当麦克阿瑟上岸后，说道："我回来了。"

麦克阿瑟考虑着即将来临的进攻莱特岛的战役，没有攻下棉兰老岛，就向莱特岛下手，这是一项大胆、困难的作战计划。莱特岛在离盟军战斗机掩护范围500英里以外。莱特岛位于菲律宾群岛的日机作战半径的中心。收复莱特岛将预告着彻底收复菲律宾的全部地区。

麦克阿瑟和参谋们慎重研究选择登陆滩头以及莱特岛内地的进攻方向。莱特岛东北沿岸平原被选为最佳登陆点。因为占领东北沿岸平原就能攻下重要的塔洛班机场，而且还可能占领并使用杜拉格飞机场。这样，美机就能够掩护美海军舰队的安全了。

菲律宾群岛的日军总指挥是山下奉文，曾任驻瑞士、德国和奥地利的武官，做过日本陆军大学的教官，熟悉欧美军队的战术。

山下奉文曾担任过日本驻中国关东军第1方面军司令。日军入侵马来西亚时，山下奉文靠出色的丛林战指挥能力，得到"马来之虎"的绰号。他指挥的是一场注定会失败的战役。但他并不想让部下们知道这一切。

1944年10月6日，山下奉文来到位于菲律宾首都马尼拉附近的第14军方面军司令部。山下对部下们发表了讲话："帝国的命运在此一战了，在日后的战役中，全体将校都有重任。大家要牢记，帝国军队必将最终取胜！"

盟军选择在莱特岛登陆，是有很大好处的。莱特岛的东面是萨马岛，南面是棉兰老岛，盟军占领了莱特岛，就把菲律宾群岛拦腰截断了。

10月17日，盟军的庞大舰队向莱特岛驶去，整个舰队由20多艘航空母舰、12 艘战列舰和近百艘巡洋舰、驱逐舰以及上千架飞机护送，拥有 17.4 万登陆部队。

1944 年 10 月 20 日，盟军舰队驶入莱特湾。天刚放亮，美舰队的舰载重炮就发射了雨点般的炮弹。

舰载机群密密麻麻地扑向了日军阵地，震耳欲聋的爆炸声响彻莱特岛。上午 9 时 45 分，许多登陆艇在 20 公里宽的海面上，向海岸扑去。

很快，美军士兵纷纷跳下登陆艇，射击靠在棕榈树后的日军。美军爆破手冒着枪林弹雨，将日军的碉堡炸成废墟。有 2 名士兵还把美国国旗和菲律宾国旗插在海滩上。

日军在卡特蒙山上部署了许多重炮，但大部分被美战舰的炮火炸成了碎片。

战斗进行时，麦克阿瑟正站在 20 公里外的“纳什维尔”号巡洋舰上，他无法看清海滩上发生的战斗。密集舰炮声震耳欲聋，头顶上不时飞过密集的火箭弹，许多舰载机在低云层中飞过，海岸上浓烟滚滚、火光冲天，

上午 11 时，麦克阿瑟召来 4 名随军记者。他告诉记者们：“41 年前，我在 1903 年 10 月 20 日曾来到这里，这真是巧合。那时，我是一个年轻的工兵少尉，到这里来进行实地考察。”

下午 1 时，麦克阿瑟在幕僚的陪同下，登上登陆艇，前往“约翰·兰德”号，迎接菲律宾新总统奥斯梅纳。奥斯梅纳上了登陆艇后，与麦克阿瑟坐在一起。

下午 2 时 30 分，登陆艇靠近海滩。麦克阿瑟先跳下船，奥斯梅纳和其他人也随后下船。

海水没过了麦克阿瑟的膝盖，他的下巴向前伸着，显得气宇轩昂。当他上岸后，说道：“我回来了。”

奥斯梅纳与麦克阿瑟握手，欢迎麦克阿瑟回到菲律宾。

当麦克阿瑟路过一个趴在树后的步枪班时，美军正在瞄准日军的士兵。

麦克阿瑟找到了第 24 师师长弗·欧文少将。欧文对他说，美军已有 15 人死亡。美军只向岛上推进了 300 米，遇到了很多日军的防御工事。

通信兵把一辆战车开到海滩上，这是哥伦比亚广播公司的播音车。记者威廉·邓恩先对着麦克风向全世界的听众讲了 15 分钟。接着，他把麦克风递给麦克阿瑟。

雨水顺着麦克阿瑟的帽檐向下流淌，麦克阿瑟用深沉、稳健的嗓音开始演讲："菲律宾人民，我又回来了。上帝保佑，美军又来到了菲律宾的国土上……团结在我周围吧……挺身而出战斗吧……为了你们的子孙后代，战斗吧……让我们以上帝的名义去实现我们的目标，向正义的胜利进军。"

麦克阿瑟把麦克风递给奥斯梅纳，奥斯梅纳宣布共同体政府恢复菲律宾主权。

麦克阿瑟随登陆部队重返菲律宾，在滩头涉水前行

麦克阿瑟这篇著名的演说在菲律宾人民中引起巨大的共鸣，菲律宾各岛的抗日活动形成燎原之势。菲律宾群岛上的日军十分恐慌，天皇连忙下诏，马上执行“捷 1 号作战”，把美军赶出莱特湾。

美军登陆部队全部登陆后，继续向纵深推进。

10 月 23 日，美军在莱特岛建立了宽 20 公里、纵深 18 公里的防御阵地。

接到美军登陆莱特岛的报告，山下奉文决定向莱特岛增兵，立即从吕宋岛和米沙鄢群岛抽调军队派往莱特岛。

从 10 月 23 日至 12 月 11 日，日军出动快速驱逐运输舰向莱特岛增援了约 4.5 万人。然而，美军的登陆部队已经有 18 万了。同时，美海军的舰载飞机和陆基远程轰炸机切断了莱特岛日军的补给线。

在拥有巨大优势的情况下，美军不断歼灭抵抗的日军，向前不断推进。在右侧，美第 10 军从陆上和海上向铃木宗作的第 35 集团军北部的核心地带进攻。在左侧，美第 24 军向日军在西海岸上的主要阵地乌目推进。

12 月 7 日，另一支美军登陆部队在日军主阵地的南翼登陆，向日军发动了进攻。12 月 10 日，这支美军占领了利蒙和乌目。

12 月 20 日，从南面进攻的美军第 77 师与从北边进攻的第 1 骑兵师、第 24 步兵师在利邦会合，将铃木的部队重重包围，并切断了铃木部队与港口帕洛蓬的通路，使日军无路可逃。

12 月 25 日，美军歼灭了莱特岛上的日军。

莱特岛战役，日军损失近 7 万人，美军损失 1.5 万多人。与此同时，另一支美军登陆部队在萨马岛登陆了。

战役结束后，菲律宾政府授予麦克阿瑟一枚勇敢勋章。

美国国会为了鼓励在战争中做出贡献的统帅，创立了新的特级军衔——五星上将。麦克阿瑟与马歇尔、艾森豪威尔等一同被授予陆军五星上将。

12 月 24 日，马歇尔通知麦克阿瑟：“美国众、参两院通过一项法案，决定授予你陆军五星上将军衔。”

25 日，在麦克阿瑟的司令部里举行了简单的仪式，菲律宾总统被请来参加。

莱特湾大海战

45 架美军飞机突破日舰的防空炮火力网，向“武藏”号和“大和”号等战列舰发动了攻击。

为了挽救败局，日本将蓄谋已久的“捷号”作战计划付诸实施，第二次世界大战史上最大的一场海战——莱特湾海战拉开了序幕。

美国第 3 舰队在 9 月和 10 月向菲律宾、硫球群岛和台湾所进行的多次空袭中，击毁日军飞机 1200 多架，切断了日联合舰队的输油线。

在极为不利的情况下，日联合舰队司令丰田副武海军大将被迫命令舰队分开活动，把大部分水面舰艇部署在燃油充足的新加坡海域。

丰田副武听说美舰队驶往莱特湾时，决定发动精心准备的“捷 1 号”海上决战行动。

联合舰队拥有当时世界上最大的两艘战列舰——“武藏”号和“大和”号。丰田副武把最后的血本都押上了，希望会有奇迹出现。

丰田副武的军事部署为：小泽治三郎的北方舰队又称第 3 舰队，由 4 艘航母、2 艘战列舰、3 艘巡洋舰和 8 艘驱逐舰组成，从日本海启航，驶向吕宋岛附近海域，引诱哈尔西的第 3 航空母舰编队离开莱特湾；栗田健男的中央舰队由“大和”号战列舰、“武藏”号战列舰、3 艘战列舰、12 艘巡洋舰和 15 艘驱逐舰组成，中央舰队由马来亚、婆罗洲和中国海驶向圣贝纳迪诺海峡，再向南驶向莱特湾，与莱特湾的美军舰队展开决战；南方舰队由 2 艘战列舰、4 艘巡洋舰和 8 艘驱逐舰组成，由硫球群岛出发，穿越棉兰老岛与莱特岛之间的苏里高海峡，驶向莱特湾。

丰田副武准备用中央舰队和南方舰队歼灭美军舰队，然后再对付在莱特岛登陆的美军地面部队。

美军第 7 舰队司令金凯德和第 3 舰队司令哈尔西，没有料到丰田副武会发动孤注一掷的海上大决战。日本海军又使用了新密码，日舰队在行驶中严格保持无线电静默，美舰队情报处无法掌握日海军“捷 1”号作战计划的具体情况。

10 月 23 日夜晚，栗田健男指挥中央舰队驶过巴拉望岛暗礁区。在暗礁丛中的海面上，两艘美国潜艇“海鲫”号和“鲦鱼”号正在巡逻。

24 日零时 16 分，“海鲫”号艇长麦克林托克得到报告：“方位 131 度、距离 3 千米处有一目标，可能是舰队，可能是雨云。”

麦克林托克立即跑到雷达屏幕前，他肯定地说：“那是一支舰队！”

经过进一步的侦察，麦克林托克的话得到了应验。麦克林托克立即与“鲦鱼”号艇长克拉杰特取得联系，最后说，“我们一起进攻吧！”

“海鲫”号在前面，“鲦鱼”号在后面，向日本舰队靠近。

5 时左右，麦克林托克通过潜望镜发现远处一大片小山似的舰艇。“朋友，这是日军的大舰队！我们可有得打了。”麦克林托克向哈尔西发了电报。

麦克林托克下令：“发射！”4 枚鱼雷像快速游动的梭鱼，朝日军的旗舰“爱宕”号巡洋舰撞去。

在舰桥上的栗田指挥舰队即将通过暗礁区，忽然感到舰身连续 4 次震动，水下传来了巨大的爆炸声。

几乎同时，“鲦鱼”号的几枚鱼雷击中了日重巡洋舰“摩那”号。“海鲫”号又朝另一艘重巡洋舰发射几枚鱼雷。三艘巡洋舰上火光冲天，烈焰滚滚。

日“摩那”号重巡洋舰被鱼雷拦腰炸断，沉没了。栗田的旗舰“爱宕”号重巡洋舰被鱼雷命中，该舰变成了火海，很快就沉没了。栗田健男率部下跳进大海，游到另一艘军舰上。

“东方”号重巡洋舰尾部被鱼雷命中，被迫在一艘驱逐舰的护送下返回文莱海军基地。

与此同时，其他日舰向两艘美潜艇发起了进攻。美“绦鱼”号和“海鲫”号历尽磨难，艰难地逃出了日舰群布下的深水炸弹区。

“海鲫”号浮出水面准备进攻日“东方”号巡洋舰，突然，“海鲫”在巴拉望暗礁区搁浅。“绦鱼”号潜艇马上去搭救“海鲫”号上的舰员。

对于栗田来说，中央舰队真是出师不利。栗田知道中央舰队的行踪已经被美潜艇报告给美海军，哈尔西的第 3 舰队的舰载机很快就会前来轰炸。

这时，栗田决定从巴拉望水道继续朝东北前进。23 日 16 时，栗田及其司令部人员转移到“大和”号战列舰上。

24 日晨，中央舰队驶向塔布拉斯海峡。栗田知道，中央舰队即将进入哈尔西的第 3 航母舰队的舰载机作战半径之内，早晚会遭到美军舰载机的轰炸。

哈尔西接到“海鲫”号潜艇的报告后，立即下令：第 3 舰队向指定海域集结。哈尔西刚下达完命令，美侦察机就发现了约 270 海里以南的一支日本舰队。那是西村崇次率领的日海军南方舰队先头部队，正向苏里高海峡驶来。哈尔西马上命令第 3 舰队第 4 战斗群南下迎战西村崇次的舰队。

这时，哈尔西最担心的是没有发现日海军航空母舰的位置，因为只有掌握日航空母舰编队的位置，才能下达正确的作战命令。哈尔西又出动多架侦察机进行侦察，寻找到日航空母舰编队的位置。

这时，小泽指挥的日航空母舰编队，也就是北方舰队，正在距离吕宋岛 160 海里的海域行驶，准备把哈尔西的第 3 舰队诱出莱特湾。

航行中的日本舰队，下方为“大和”号

丰田副武用作诱敌的北方舰队始终没有被哈尔西发现，而努力隐蔽的中央舰队和南方舰队却暴露了。哈尔西在得知日中央舰队和南方舰队的行踪后，找到了日航空母舰。

24 日上午 9 时，从菲律宾吕宋岛机场起飞的日机攻击了第 58 航空母舰特混编队第 3 战斗群。美舰的防空火力非常严密，但仍无法抵挡日机“神风”突击队的自杀性进攻。

一架日军轰炸机飞过美舰的防空炮火，撞在“普林斯顿”号航空母舰的飞行甲板上，飞机立刻爆炸。爆炸过后，舰上的黑烟高达 300 米，火势越来越大，舰员们纷纷把甲板上的飞机推向大海……

离“普林斯顿”舰很近的“伯明翰”号巡洋舰马上驶来援助。由于火势太猛，难以控制，大火烧到弹药舱，引爆了弹药舱。

15 时 23 分，“普林斯顿”号母航发出惊天动地的爆炸声！无数钢铁块、炸弹和鱼雷的碎片，到处飞溅。甲板上到处都是死尸，许多活着的人也变成了血人，血水流进了甲板排水沟……

这一大爆炸也给“伯明翰”号巡洋舰带来了灾难：200 多名舰员当场死亡。

“普林斯顿”号航母在海面上漂浮了半天，完全失去了战斗力，最后美军用鱼雷把它击沉了。

上午 10 时 30 分，美军第 3 舰队的舰载机向栗田的中央舰队发动大规模的空袭。这时，栗田的中央舰队正通过民都洛岛与吕宋岛间的锡布延海。

45 架美军飞机突破日舰的防空炮火力网，向“武藏”号和“大和”号等战列舰发动了攻击。

“武藏”号被 2 颗炸弹和 1 枚鱼雷命中后振动了几下，继续航行。为“武藏”号护航的“妙高”号重型巡洋舰由于受到重创被迫返回文莱基地。

栗田的中央舰队遭到第一次大规模攻击后，向东北驶去。12 时，美军机群发动了第二次攻击。30 多架美机连续轰炸约 9 分钟，轰炸的主要目标是“武藏”号和“大和”号战列舰。

笨重的“大和”号躲过了所有的炸弹和鱼雷，有两颗炸弹落在“大和”号附近的海面上，没有对它造成任何伤害。

7架美军轰炸机躲在云层中，从“武藏”号的舰尾方向突然钻了下来，两颗重磅炸弹落在“武藏”号的前部和后部，穿透甲板在舱内爆炸。

几架鱼雷机从“武藏”号的左前方投掷 6 枚鱼雷：1 枚从舰首前面划过，2 枚从舰尾后面划过，其他 3 枚命中左舷。3 枚鱼雷把该舰的舰舷外壳炸坏，没有穿入舱内。爆炸所引发的大火蔓延到两个锅炉舱和一个机舱，迫使一部主机停转，航速减半。

"武藏"号超级战列舰

一个半小时后，30多架美机又来了。这些美机继续攻击"武藏"号，"武藏"号被5枚鱼雷、4颗炸弹击中，舰首甲板几乎贴近水面，航速降低。

与此同时，"大和"号战列舰被两颗炸弹击中起火，舰身侧倾。"矢矧"号巡洋舰被炸得多处漏水，航速降低。

14时30分，65架美机前来空袭，集中轰炸"武藏"号和"大和"号战列舰。"武藏"号被7枚鱼雷命中，开始下沉。

同时，1颗炸弹击中了"大和"号，舰首的几层甲板都被炸破，舰前部灌入3000吨海水。半个小时后，几十架美机飞来。"武藏"号又被11枚鱼雷和10颗炸弹击中。

"武藏"号伤势惨重，缓缓地向锡布延岛驶去，准备在锡布延岛北海岸搁浅。

18 时 50 分，“武藏”号舰首沉入水中，前部炮台像小岛一样露出水面。这艘用了 5 年时间才建成的战舰，即将沉没了。舰长把舰员召集在一起，举行了诀别式。

19 时 35 分，263 米长的“武藏”号沉入了锡布延海，1200 多名舰员为它陪葬。

在遭受美军舰载机袭击时，栗田多次召唤岸基航空兵部队提供空中支援，但日机始终没有来。下午 4 时，参谋们劝告，在没有空中支援的情况下，向东前进等于全军覆没。栗田下令向回撤退。

中央舰队在撤退时没有受到美机的空袭，半夜，栗田开始制定下一步的计划。栗田认为，中央舰队可以趁夜色渡过圣贝纳迪诺海峡，第二天早晨到达莱特岛湾。那时，小泽的北方舰队应该把哈尔西的第 3 航空母舰编队诱到了北方。

想到这里，栗田下令舰队改航，执行原来的作战计划。

当哈尔西得知栗田的中央舰队向西逃跑时，以为栗田的中央舰队丧失了战斗力。这时，哈尔西在恩加诺角以西 160 海里的海域发现了小泽的航空母舰编队。

哈尔西决定抓住时机，把日航空母舰全都击沉。而日军南方舰队，哈尔西认为金凯德的第 7 舰队完全能够战胜它。

这样，海战的形势有利于丰田副武的“捷 1”号行动计划的实施。尽管栗田的中央舰队已经受到重创，但它还有战斗力。这时，正在莱特湾掩护登陆部队的美第 7 舰队司令金凯德，得知哈尔西北上追击小泽的日航空母舰编队，一点也不惊慌，因为他相信哈尔西会留下一支航空母舰战斗群掩护美第 7 舰队。

栗田的舰队改航向东驶进不久，被哈尔西的侦察机发现，并报告哈尔西。哈尔西以为栗田的中央舰队只是按照日本武士的传统，返回进行最后的自杀性的进攻而已。哈尔西没有把这个情报通告给金凯德。

24日21时45分，栗田命令南路舰队的西村舰队降低航速，把预定向美军舰队发动进攻的时间推迟到25日上午11时。

西村舰队没有收到栗田的电报。25日凌晨2时，西村舰队排队驶入苏里高海峡，遭到美军舰队6艘战列舰、8艘巡洋舰、28艘驱逐舰和39艘鱼雷快艇的攻击。

这是20世纪规模最大的战列舰的夜间战斗，爆炸声响个不停。美舰装备了先进的雷达，美舰的炮弹在夜空中准确无误地命中日舰。

日“山城”号战列舰遭到炮击后，发生了连续爆炸，燃起了熊熊大火。凌晨3时40分，“山城”号战列舰沉入太平洋。

日“扶桑”号在遭受雨点般炮击后，于凌晨4时30分沉入太平洋。日“最上”号重巡洋舰变成了火海，将注定沉没。日“朝云”号驱逐舰也沉没了。西村编队已经不存在了，只有“时雨”号逃之夭夭了。

在“时雨”号逃走仅1小时，南方舰队的后续舰队以每小时30海里的航速驶入苏里高海峡。

后续舰队发现了漆黑的海面上正在燃烧的日舰。凌晨5时，巡洋舰“阿武限”号被美舰的鱼雷击中。后续舰队的总指挥志摩下令各舰撤退，他的旗舰“那智”号突然把燃烧的“最上”号左舷撞坏。志摩连忙指挥南方后续舰队加大航速，逃跑了。

10月25日拂晓，栗田指挥中央舰队拼命向莱特湾驶去。这时，哈尔西得知栗田的中央舰队正驶向莱特湾，但他认为栗田舰队已经没有战斗力了，金凯德的第7舰队能够应付。

哈尔西命令美第3航母舰队加速前进，要求所有飞机做好起飞准备，于拂晓时分向日航空母舰发起空袭。

栗田听到报告说中央舰队前方约14海里处发现美第3舰队的航空母舰战斗群。栗田命令舰队全速前进，歼灭美军航空母舰。

事实上，栗田遇到的是斯普拉格少将率领的一支分遣队，这支分遣队归金凯德的第7舰队管辖。

日中央舰队向美舰全速冲去，斯普拉格也发现了由4艘战列舰、7艘巡洋舰和11艘驱逐舰组成的日中央舰队。

斯普拉格下令舰队准备战斗，他的分遣队目前处在日战列舰和美军登陆滩头之间。他只有6艘小航空母舰和6艘驱逐舰。

他可以调来南部海面的两支分遣队，可是那些航空母舰的最高时速只有14海里，无法躲过日舰的重炮。为了避免无畏的牺牲，斯普拉格决定指挥这支分遣队对付栗田的中央舰队，等待援军的到来。

清晨6时58分，“大和”号战列舰射出重达一吨半的炮弹，轰隆一声巨响，在美小型航空母舰附近炸出很高的水柱。由于暴雨的掩护，使美航空母舰甲板上剩余的舰载机全部起飞。

由于飞机只装了有限的鱼雷去攻击日舰。鱼雷用完以后，斯普拉格被迫让飞机装上深水炸弹和杀伤炸弹。可是，这两种炸弹无法伤害日战列舰。很快，从附近机场赶来支援的美机参加了攻击。结果，栗田误以为面前的就是美第3舰队的主力部队。

第7舰队司令金凯德收到了斯普拉格的电报后，马上命令奥尔登多夫部队前来救助，同时给哈尔西发出一份电报，要求马上增援。

这时，3艘美驱逐舰冲向日重型巡洋舰，美驱逐舰的舰炮对日巡洋舰不起作用，但它发射的鱼雷却击中了“熊野”号的舰首，“熊野”号被迫返航。日“羽黑”号重巡洋舰的舰舷也被击中，被迫返航。

8时20分，斯普拉格的“甘比尔湾”号小型航空母舰沉没，旗舰“方肖湾”号受到重创，很多小型航空母舰的航载机在莱特岛的简易机场迫降，损失很大。

这时，斯普拉格只剩几艘驱逐舰了。舰载机用光了炸弹。11时20分，形势对栗田十分有利：斯普拉格丧失了抵抗力，奥尔登多夫舰队和哈尔西远在他处。如果栗田驶入莱特湾，那么麦克阿瑟的登陆部队和80多艘运输舰，就会任栗田的舰炮宰割。

这样，“捷 1”号作战计划就实现了，胜利在望!

可是，海战史上最莫明其妙的事件发生了：栗田下令停止驶向莱特湾，命令向北前进。此令一出，所有的日舰官兵都惊呆了!

很多年后，当人们问起这件事时，栗田感慨地说：“当时，我并不知道哈尔西已经率第 3 舰队北上了，更不知道驶向莱特湾就胜利了，现在回想起来，真是后悔莫及!”

10 月 25 日晨，哈尔西陷入两难境地。哈尔西对小泽的北方舰队发起第一轮攻击的舰载机刚起飞，就收到了金凯德发来的电报。哈尔西知道，第 3 舰队已远离莱特岛附近海域，来不及救助斯普拉格，更来不及支援登陆的盟军。

他只好命令第 1 战斗群返回莱特湾。

上午 8 时，哈尔西的第一轮攻击派出了 130 架舰载机。美军飞机把主攻的目标定在日重型航空母舰“瑞鹤”号上。美俯冲轰炸机和鱼雷机的轮番攻击使“瑞鹤”号的飞行甲板多处受损。经过近 1 个小时的攻击，“瑞鹤”号变成了火海，严重倾斜，还有 2 艘日战列舰也受到重创。

很快，第二轮攻击的 170 架美机飞到小泽的北方舰队上空，对剩下的 3 艘轻型航空母舰发动攻击。“千岁”号立即沉没，另外 2 艘航空母舰和多艘护卫舰受到重创。

这时，哈尔西连续收到上司尼米兹发来的救援电报。哈尔西被迫率领战列舰舰队南下，赶去援救。哈尔西歼灭小泽的北方舰队的任务交给米彻尔的 3 个航空母舰战斗群。

中午，米彻尔出动 200 多架飞机对小泽的北方舰队进行两次攻击。日“瑞鹤”号航空母舰于 14 时 14 分沉没，“瑞凤”号航空母舰于 15 时 26 分沉没。

为了歼灭北方日舰，米彻尔派杜博斯兵力群离开航母编队，全速北进。杜博斯兵力群驶向“千代田”号航空母舰，用火炮和鱼雷把它击沉。日军“五十铃”号前去援救“千代田”号航空母舰。“五十铃”号找不到“千代田”号航空母舰，与日军“若月”号、“初月”号驱逐舰相遇。夜晚，杜博斯兵力群找到3艘日舰，把“初月”号击沉，其他2艘日舰撤退。

26日天亮后，小泽率残部向北驶去，准备撤往日本冲绳岛。美第3舰队的各航空母舰大队都为消灭栗田的中央舰队向南驶去。

栗田的中央舰队以最快的速度向北驶去，结果不断遭到向南驶去的第3舰队的舰载机的空袭。

晚9时30分，栗田率残部逃到圣贝纳迪诺海峡入口处，渡过海峡向西继续逃跑。

“瑞凤”号航空母舰被击中后发生爆炸，燃起浓烟

这时，经过长达3天的海战，美舰队胜利了。

莱特湾海战使日海军的主力舰队灭亡。日本联合舰队有4艘航空母舰、3艘战列舰、6艘重型巡洋舰、4艘轻型巡洋舰、11艘驱逐舰和1艘潜艇沉没，其他日舰都受伤了。另外，日军还损失了500架飞机。

盟军只损失了3艘轻型航空母舰、3艘驱逐舰和200架飞机。

1944年10月25日晚，在尼米兹住处举行的晚宴上，人们对当天的海战进行了激烈的争论。

尼米兹·小切斯特是潜艇艇长，当着大家的面大声质问父亲："要哈尔西支援莱特岛的登陆部队，又让他去执行其他任务，这实际上已经授权哈尔西可以放弃登陆场，这是你的过错。"

屋子里一片寂静，尼米兹瞪看了小切斯特一眼，说："这是你个人的看法。"

杀回吕宋岛

麦克阿瑟可以指挥自己的飞机轰炸吕宋岛上的日军了，形势对盟军非常有利。

1944年，在麦克阿瑟进攻菲律宾之时，美国的决策者们正在考虑最后征服日本的方案，为了减少伤亡，加速日本的灭亡，只有求得苏联的帮助。

盟军占领莱特岛后，菲律宾群岛的日军防线被一分为二，日军失去了重要的屏障。

此时，麦克阿瑟的吕宋登陆计划也已经考虑成熟。登陆行动将由第6集团军实施，下辖第1军和第14军，共20万人，其中作战部队13万。还有一支8万人的预备队，准备随时登陆。这样，麦克阿瑟的地面兵力将达到 28 万人。这次登陆战，参战的舰船将达到 1000 艘以上，是太平洋战争以来规模最大的战役。

山下奉文对战场的形势进行了分析：长期以来，日军防御的岛屿接连丢失，到底是什么原因呢？山下奉文认为，日军奉行的是与敌人在滩头决战的作战思想，但是日军在海空力量上居于绝对劣势，决战时盟军凭借海空军的优势把日军兵力消耗掉，结果使日军丧失了战斗力。

为此，山下奉文把菲律宾群岛战役的赌本都压在吕宋岛之战上。于是，25 万日军很快集结在吕宋岛。

山下奉文制定了新的作战计划，这个计划不急着与盟军在滩头交战，而是等盟军上岸以后，再把盟军消灭。

为了使这个计划顺利实施，山下奉文参照吕宋岛的特点，把 25 万名日军分成三个防区：在吕宋岛的北部部署重兵，共 14 万多人，任务是阻止盟军由林加延湾登陆；在中西部部署 3 万人，任务是坚守中部和西部的机场；在南部地区，部署 8 万多人，任务是坚守马尼拉以及马尼拉湾。

吕宋岛是菲律宾群岛最大的岛屿，是菲律宾政治、经济和文化中心。

麦克阿瑟制定的计划是，一路盟军在林加延湾登陆，登陆后向吕宋岛中西部机场挺进；另一路盟军在吕宋岛南部登陆，牵制南部的日军，协同北路盟军夹攻马尼拉。

金凯德的第 7 舰队和第 7 两栖编队负责海上运输和掩护；哈尔西的第 3 舰队和肯尼的陆基飞机负责空中支援。

在攻打来特岛时，麦克阿瑟受够了没有岸基飞机支援的苦头，因为海军飞机不归麦克阿瑟直接指挥。这一次吕宋岛战役，麦克阿瑟决定绝不越出岸基飞机掩护的范围。

由于来特岛距离吕宋岛 500 公里，大大超过来特岛简易机场战斗机的活动半径，必须在来特岛与吕宋岛中间建立一个空军基地，以便为攻打吕宋岛提供岸基飞机掩护。

民都洛岛位于来特岛和吕宋岛之间，该岛上有几个简易机场，经过扩建能够作为盟军的空军基地使用。菲律宾游击队报告说，岛上的日军很少。

麦克阿瑟派邓克尔准将率领特遣舰队占领民都洛岛。12 月 12 日，邓克尔率特遣舰队渡过苏里高海峡朝民都洛岛驶去。

特遣舰队拥有小型航空母舰 6 艘、战列舰 3 艘、重巡洋舰 3 艘和驱逐舰 8 艘。另外，登陆部队、后勤部队和航空兵部队共 3 万多人，分乘 135 艘舰船、23 艘鱼雷快艇和其他勤务舰船。

哈尔西率领美太平洋第 3 舰队从乌里西启航，准备轰炸吕宋岛上的日军机场，以使民都洛岛登陆战取得成功，为日后攻打吕宋岛奠定基础。

12 月 13 日早晨，邓克尔的舰队在靠海滩的海面上停泊后，立即展开登陆。民都洛岛上的 500 名日军知道无力坚守滩头，连忙躲到山里，准备在美军围剿时同归于尽。

美军工兵马上投入机场扩建工作。当天晚上，已经有两个机场能够投入使用了。5 天后，盟军把战斗机转移到民都洛岛。由于很多机场以惊人的速度建成，越来越多的飞机转移到民都洛岛。

麦克阿瑟可以指挥自己的飞机轰炸吕宋岛上的日军了，形势对盟军非常有利。

由于日本空军“神风突击队”的攻击，保障民都洛岛登陆的美特混舰队受到了很大损失。两艘登陆舰被击沉，一艘驱逐舰受重创，“纳什维尔”号巡洋舰受到重创。

在莱特湾海战中，“神风突击队”于 25 日、26 日获得了巨大的战果，击沉 1 艘航空母舰、重创 4 艘、轻伤 1 艘。

为了对付日军，麦克阿瑟组织了一系列欺骗活动：盟军的轰炸机连续轰炸吕宋岛南部；巡逻机在班乃 – 塔亚巴斯岛上空进行侦察；运送空降部队的运输机在班乃 – 塔亚巴斯岛上空飞行；鱼雷快艇在吕宋岛的南方和西南方巡逻；扫雷舰在巴拉干、班乃－塔亚巴斯等海湾活动；登陆舰和商船在巴拉干、班乃－塔亚巴斯地区的附近海域活动，当日军开火后立即撤退。吕宋岛南部的游击队也奉命进行虚张声势的佯攻，使日军的注意力向南部移动。

山下奉文果然上当，把主力部队调到了南部。1945年1月3日，金凯德指挥庞大的舰队从来特湾启航，向吕宋岛的林加延湾驶去。这支舰队拥有400多运输船只,164艘作战舰只，包括6艘战列舰和17艘航空母舰。

从哈尔西的航空母舰上起飞的飞机和途经中国成都机场的美第20航空队的飞机空袭了台湾的日军机场；从民都洛岛机场起飞的飞机攻击了日军在吕宋岛的空军基地和机场。

在日军的“神风突击队”的攻击下，盟军舰队的1艘航空母舰被击沉，1艘航空母舰遭受重创，“新墨西哥”号战列舰和1艘重型巡洋舰、4艘轻型巡洋舰和2艘舰船都遭受重创。

由于吕宋岛及其周围战区内的日空军基地遭受重创，日军“神风突击队”的攻势大大降低了。

1月9日夜，盟军的舰队驶入吕宋岛的林加延海湾。

美军紧张地望着天空，站在舰桥上的美军更是担惊受怕，日军“神风突击队”的飞机喜欢朝舰桥撞击。

黎明，舰船向海滩靠近。6时50分，3架日军飞机起飞。第一架日机于7时左右飞向美护卫舰“霍季斯”号，撞倒了前桅。第二架日机被“奥林帕斯山”号上的高射炮火打跑。第3架撞向轻巡洋舰“哥伦比亚”号。“哥伦比亚”号离滩头1200米，附近都是登陆艇，无法躲避。日机撞向舰首主炮的指挥仪，把指挥仪炸进水中，致使美军24人死亡，68人受伤。

早晨7时，盟军的舰炮向日军的防御工事开始了大规模的轰炸。登陆部队分乘2500多艘登陆艇朝海滩上扑去，除了登陆艇以外，还有水陆坦克、水陆汽车、履带式装甲输送车。

由于日军执行的是与盟军进行内陆决战的命令，第一批登陆的美军几乎未遇到日军的抵抗。

傍晚，6 万多名美军和大量装备上岸了，构筑了纵深 7 公里的阵地。

1 月 10 日，美第 14 军冲向内陆，从吕宋岛中央平原的西部向南推进。在美第 14 军南下的第一周内，日军按计划边打边退，美军趁机前进了 60 公里。

在以后的几天中，美第 14 军行动缓慢。因为克鲁格将军担心卡拉巴略山脉上的日军攻打左翼，还担心日军进攻背后，切断第 14 军与补给基地的联系。

克鲁格要求第 1 军从左翼推进，歼灭卡拉巴略山脉里的日军。日军在山上修建了坚固的工事，在山坡上挖了很多石洞，储存了弹药和补给品，把洞穴与山脚下的坑道工事连在一起，形成了既能坚守，又能彼此支援的防御阵地。

阵地内埋藏了很多坦克，只露出一个炮塔，火力很猛。这些防御阵地很难攻下，再加上日军抱着死战到底的决心，结果，美第 1 军的推进受阻。

在攻打吕宋岛以前，麦克阿瑟曾向华盛顿做过保证，说两周内就能占领马尼拉。麦克阿瑟乘坐敞篷吉普车到达前线的每个阵地，亲自指挥。

很快，盟军的推进速度明显提高了。1 月 21 日，美军到达扎拉。

1 月 24 日，盟军到达班班河，距离日军的克拉克机场很近了。机场上停放着几百架战斗机，有几十架“神风突击队”的战斗机。这是山下奉文对付盟军的最后利器了。日本人防守严密，战斗呈现白热化。

在圣曼努埃尔附近，日军在坦克旅的掩护下，发动了反攻，几十辆日军坦克从河床和道路向美军第 6 师冲来。美军的重火器和火箭筒准备不足，被迫撤退 2 公里。

麦克阿瑟马上开车赶来，从其他部队调来大炮和火箭筒。日军的坦克都被击毁了，反攻失败了，美第 6 师趁机向前进攻，把阵地重新夺回来了。

稳住阵地后，麦克阿瑟命令美军加快速度，尽早占领日军的克拉克机场。

第 40 师奉命发动进攻，与日军展开了激烈的战斗。日军的抵抗，使美军的伤亡不断地增大。经过 4 天的战斗，美军占领克拉克机场。

占领机场后，美军缴获了 600 多架日军飞机。在平原地带的日军奉命退守两侧的山区，第 14 军向马尼拉全速前进。

大批日本士兵被美军击毙

2月27日，美军占领了马尼拉市区。在巷战中，近1.7万名日军战死。美军伤亡6575人，另有10万平民被打死。马尼拉遭受了重炮的猛烈轰击，只有宏伟的马拉卡南宫完好无损，其他地方变成了一片废墟。

1945年2月27日上午，麦克阿瑟来到马拉卡南宫，向菲律宾奥斯默纳总统、菲律宾新内阁宣布：菲律宾政府正式成立。

麦克阿瑟的目光又盯上了巴丹半岛和科里吉多岛。巴丹是菲律宾群岛的战略要地，科里吉多岛是麦克阿瑟当年逃亡的地方。

2月14日，美第11军从巴丹半岛的东海岸和西海岸发动夹攻。由于日军少得可怜，毫无抵抗力。2月21日，美第11军占领了巴丹半岛。

2月16日上午8时30分，对科里吉多岛的战斗打响了。1000名美军在岛上空降，日军立即组织了进攻，重创了美军。

下午，又有2000多名伞兵在岛上空降。在科里吉多岛上的美军达到3000人，而守岛的日军有5000多人。

在长达10天的战斗中，守岛的日军拒不投降。但是，日军没有人指挥，只是躲在一条条坑道里，互不支援，而且对美军的情况也一无所知。

美军每歼灭一条坑道的日军都会付出代价，2月26日，美军消灭了岛上的日军。战场上发现4500多具日军的死尸，另有500多人被活埋在坑道里。

麦克阿瑟向海军借了4艘鱼雷快艇，找到当初与他一同逃离科里吉多岛的人。他们顺着当初离开时的原路回到科里吉多岛。

他们是在非常阴暗的夜晚逃离的，回来时阳光明媚。在破损的兵营前，麦克阿瑟受到了美军503空降团团长琼斯上校的热烈欢迎。

麦克阿瑟向琼斯颁发了勋章，命令琼斯："我发现以前的旗杆仍竖立在那里，快把军旗升起来，再也不叫任何敌军把它拽下来！"

在向美军训话时，麦克阿瑟赞扬了几年前巴丹半岛和科里吉多岛的抵抗者，说："今天的胜利也属于那支灭亡的军队。""那支军队尽管灭亡了，但它却完成了自己的使命。”

占领科里吉多岛后，麦克阿瑟指挥他的部队继续向盘踞在其他岛屿上的日军进攻，清剿残留在各岛上的日军。又经过 4 个月的艰苦作战，到 7 月 4 日，麦克阿瑟正式宣布菲律宾战役结束。

在菲律宾战役中，日军伤亡 45 万人，大部分是战死的。日军损失 68 艘舰艇，7000 架飞机，包括自杀机 700 多架。美军死亡 1.7 万人，损失舰只 21 艘、飞机 900 多架。

第十二章

硫磺岛之战

日军死守硫磺岛

栗林忠道不准守岛的日军向美军发动自杀性进攻。他认为硫磺岛牢不可破，一定会成为美军的坟墓。

美军在太平洋战区，相继占领了马里亚纳群岛和菲律宾群岛，从日本本土以南和西南冲破了日本太平洋防御圈的外防线，使日本的“内防御圈”直接暴露在盟军的攻击下。由于估计到硫磺岛的作战比冲绳岛容易，因此在菲律宾群岛战役以后，硫磺岛战役首先进行。美军决定向日本的内防御圈发起更大的攻势，先占领硫磺岛，为日后攻打日本本土清除前进的障碍。

为了更有效地指挥下一步太平洋舰队的作战行动，尼米兹把指挥部由珍珠港搬到关岛。中太平洋部队改名为第 5 舰队，由斯普鲁恩斯率领，他是硫磺岛战役的实施者。快速航空母舰特混舰队改名为第 58 特混舰队，由米切尔率领。太平洋海军陆战队司令史密斯出任第 3 和第 5 两栖军的总指挥。

日陆军中将栗林忠道于 1944 年 6 月出任硫磺岛日军总司令。

栗林忠道来到硫磺岛后的第一件事是在前任小畑英良的陪同下，认真巡视了硫磺岛的防御工事。小畑英良中将的作战思想为：以攻为守，主动进攻。

小畑英良用了半年的时间，在硫磺岛周围的登陆地点和海滩上，配置了许多大炮和兵力，建立了许多近岸防御工事。小畑英良还计划在浅水地带和滩头阵地猛击入侵的美军，使美军无法在硫磺岛登陆。

栗林中将对前任小畑英良修筑的近岸工事和在近岸与美军决战的思想

不屑一顾。栗林中将认为，美军拥有巨大的优势，足以摧毁日军部署在滩头阵地的任何重装备和防御工事，消耗近岸日军。在海岸上修建工事，配置重兵，不让美军登陆的构想太愚蠢了。

几天后，美军进攻硫磺岛东南 1200 公里的塞班岛，栗林观点的正确性得到了验证。塞班岛日军在海岸阵地与美军决战，损失了所有的重武器和大部分兵力，无力阻挡美军的攻势。短短 25 天，美国占领了约 2300 平方公里的大海岛。

栗林中将认为，硫磺岛长不足 9 公里，宽不足 4 公里，面积不到塞班岛的 1/10，日军若按塞班岛的战术守卫硫磺岛，不用 3 天，硫磺岛就会被美军占领。

栗林中将反复思考，最后决定利用特殊的地形对付美军。硫磺岛是由火山喷发的熔岩冷却后堆积而成的，沟壑纵横，有许多溶洞和悬崖峭壁，岛上铺着厚厚的黑色火山灰，车辆无法行驶。火山灰下面，是深入地层的硫磺矿。岛上的空气中含有刺鼻的二氧化硫。岛上没有淡水，不适合人类居住。3 年前，硫磺岛附近海域浓烟滚滚，烈焰冲天。一个新的海岛升起了，新海岛有 120 米高。两年后，新海岛竟在一夜之间消失了。

硫磺岛像一只砍掉双腿，被拔光毛的火鸡，火鸡头地处岛的西南端。火鸡头是个高为 168 米的折钵山，折钵山有个尖岬角，像鸡嘴一样伸入海浪中。北部从鸡背到东北部鸡尾处，是一片高地，由许多小山岗和很深峡谷组成。许多小山岗的高度在百米左右，可以埋伏重兵。南部鸡脖子与鸡胸处，有逐级下降的台地与海滩相连，勉强能作美军的登陆地点。

塞班岛失守后，日军认为硫磺岛将是盟军下一个进攻要地，所以向岛上抢运物资。守岛日军几个月内也增加到 2.3 万人。日军向岛上运来了近千门大炮，22 辆坦克和大批弹药、粮食和淡水等补给品。

栗林中将吸取塞班岛日军惨败的教训，制订了纵深防御、打持久战的作战计划，对硫磺岛的防御工事彻底改建。

在硫磺岛鸡脖子处的海岸上，栗林忠道部署了少量日军，作为警戒哨。日军火炮和兵力部署在火鸡头、海岛北部和东北部。

为了防御美军的舰炮和航空火力，栗林忠道从日本征召大批采矿工程师，根据硫磺岛溶洞密布的特点，建造了错综复杂的地下工事。很多洞穴经过改造后，四通八达，可以随意通行，便于互相支援。

洞壁、洞顶用两三米厚的最优质混凝土全面加固，修建了良好的通风设施，储存了长期防守的补给品。岛上的许多地下工事能够延伸到地底30米，不怕美军的轰炸。

地道的出口和要害部位用混凝土浇铸成400多个隐蔽的地堡群。每个地堡用铁门封住，铺设了轨道。一旦打开铁门，大口径轨道炮就能推出，对美军进行炮击。

栗林忠道不准守岛的日军向美军发动自杀性进攻。他认为硫磺岛牢不可破，一定会成为美军的坟墓。

日军的地堡

硫磺岛是弹丸小岛，但地处东京和塞班岛之间，距离两地的距离均为1200公里。美军攻占塞班岛后，以塞班岛为航空基地，经常出动轰炸机空袭日本，可是效果并不好。

因为硫磺岛对东京起到了防空报警的作用。每当美机群路过硫磺岛海域上空时，硫磺岛日军就会向东京报警。硫磺岛的日军的战斗机经常击落美军轰炸机。

美军希望把硫磺岛作为轰炸机群的中间加油站，出现故障或者受伤的飞机也可以在硫磺岛紧急降落。

登陆前的轰炸

美机向硫磺岛投弹6800吨，舰炮发射了23 000发。

1945年初，菲律宾群岛被盟军攻占。从此，整个太平洋的形势都被盟军控制，盟军开始以巨大的优势向日本进军。

1945年2月，尼米兹率中太平洋的美军由马里亚纳群岛启航，攻打硫磺岛。

硫磺岛是盟军马里亚纳海空基地与日本东京之间的唯一中继站，它与西面的冲绳岛是日本南大门的两只“看家狗”，是日本本土“内防御圈”上的战略要地。

面对美军的攻势，驻守硫磺岛的栗原忠道中将费尽心机，想把硫磺岛建成牢不可破的堡垒，据堡垒誓死抵抗，阻止盟军攻打日本本土。

硫磺岛战役开始以前，日军已经把大批钢铁、混凝土运到了岛上，修建的防御工事越来越坚固。岛上有3个机场。在狭窄的海滩后边，修建了许多混凝土发射点和暗堡，防空炮和岸炮修建在地下，上边覆盖2米厚的混凝土。

在很多不能修建地下工事的地方，埋藏了大量坦克。这些火力点，互相支援，十分霸道。

各火力点之间由地下坑道网相连，每个阵地都有很深的岩洞。在岛的南部，坑道里沟通着很多天然岩洞和人工挖的洞。一个岩洞常常有几个洞口，每个洞口都经过伪装，与天然地形和野生植物混在一起，十分隐藏。

在登陆以前，美军对硫磺岛进行了持久的火力轰炸。自 1944 年 8 月 10 日起，美军轰炸机经常轰炸硫磺岛。

美第 7 航空队出动 B–24 型解放者轰炸机，由马里亚纳起飞对硫磺岛进行长时间的空袭，为快要开始的登陆战役进行了火力准备。但是，这种空中轰炸的作用，只不过使栗林拼尽全力修筑工事。若想摧毁防御工事，需要进行精确的轰炸，可是硫磺岛是雾大云多的地方，轰炸机的高空投弹无法保证准确。海军陆战队的 B–25 型轰炸机奉命封锁硫磺岛，轰炸向硫磺岛进行补给的日本舰船。

可是，日军还是把各种补给物资运到硫磺岛。侦察飞机对硫磺岛拍摄的照片，表明日军的布防严密，这使海军陆战队的指挥官们感到吃惊。他们要求进行 10 天以上的舰炮轰击。对于进行舰炮轰击舰队来讲，若想发现真正的目标，使用各种火炮从近距离进行轰炸，需要足够的时间。

但是，进攻的时间表排得很满，只剩 3 天的时间进行舰炮火力准备了。事实上，3 天的炮击准备差远了。

若想封锁硫磺岛，需要出动航空母舰的舰载机去轰炸东京地区。1945 年 2 月 16 日，斯普鲁恩斯和米切尔的快速航空母舰特混舰队来到东京附近海域，并出动飞机轰炸东京。这吸引了日本政府的注意。结果，尼米兹就有机会率领舰炮准备编队，向硫磺岛进行火力准备。

用了两个月的时间，美机向硫磺岛投弹 6800 吨；舰炮发射了 23 000 发炮弹。但对于日军的防御工事却毫无损伤，日军仍在日夜修建。

庞大的登陆部队

参战美军共拥有 900 多艘战舰、数千架飞机。

第 58 特混舰队空袭东京后马上撤离，参加对硫磺岛的轰炸。与此同时，特纳海军中将和哈里·希尔海军少将也率领突击部队载运担任突击上陆的两栖第 5 军向硫磺岛靠近。

1945 年 2 月 19 日，天气非常好，风平浪静。由于海岸坡度太陡，哪怕小的风浪也会给登陆艇带来困难。

为了小小的硫磺岛，尼米兹出动了海军陆战队 25 万人；16 艘航空母舰和 1200 架舰载机、7 艘战列舰和许多辅助舰艇；14 艘航空母舰的第 52 特遣队；塞班岛的美国陆军第 7 航空队。

参战美军共拥有 900 多艘战舰，数千架飞机。尼米兹相信：有这样一支历史上最强大的舰队攻打小小的硫璜岛，只需 5 天，就能攻克。

黎明时分，美海军的 7 艘战列舰、4 艘重巡洋舰、3 艘轻巡洋舰和 10 艘驱逐舰炮击了硫磺岛，共发射 38 150 发炮弹。100 多架美机用火箭、炸弹和汽油弹轰炸岛上的重要目标。

6 时 45 分，饱餐了牛排、鸡蛋的美海军陆战队 4 师和 5 师的 3 万多人，搭乘 400 艘登陆艇，在军舰和飞机的掩护下，向硫磺岛冲去。陆战队员望着浓烟滚滚的硫磺岛，乐观的官兵们扬言只需 2 天就能歼灭日军。

9 时，3 万名美军登上海滩，数以千计的水陆坦克和装甲车辆以及数千吨物资也上岸了。得意忘形的美军官兵背着几十公斤的装备，踩着厚厚的火山灰，向一级级火山爬去。

美军发动进攻时，日军根据栗林忠道的命令，躲进了地下，趁机咀嚼着干硬的米糕。

一会儿，栗原忠道下令日军出击。日军纷纷爬出地堡，跳进防御工事，躲在巨石下的一扇扇地堡铁门突然打开，几百门火炮，几千支枪瞄向海滩上的美军。

日军把子弹、炮弹泼雨般射向美军，美军当场死亡2000人，海滩上还有许多倒在火山灰上的伤兵。履带车辆乱跑乱撞，最后陷在火山灰中，被日军的火炮摧毁。登陆的美军得到了军舰和飞机的强大火力支援，可是整整一天，3万名美军挤在硫磺岛西面一小块阵地上。

下午，海浪把许多刚抵滩的登陆艇卷翻。这时，登陆艇又遭到日军的炮击。

另外，50架神风攻击机冲到美舰队上空，满载炸弹，扑向美军舰，有2艘美国航空母舰被日机撞沉。

美军借助舰炮和飞机火力的掩护，纷纷散开，向日军堡垒推进。每次发现日军堡垒，美军就用迫击炮炮击，用火焰喷射器和喷火坦克压制暗堡中的日军火力。再用推土机用火山灰堵住洞口，然后加筑混凝土。稳扎稳打，耐心地封死一个个日军暗堡。

一些日军士兵抱着炸弹，钻到美军的坦克下面。地堡堵住了，不久又被地堡中的日军挖开。一个暗堡被堵死

日本神风攻击机撞向美军航母，爆炸后引起大火

了，日军从另一个隐蔽的暗堡射击。刚堵住前边的地堡，后面又遭到日军的偷袭。每个堡垒，每一处掩体都使美军付出了代价。

登陆已5天了，美军死了6000人。为了占领火鸡头，美军激战10天，每天只前进几百码。美军之惨状，就像猪群进了屠宰场。

2月20日黎明，美机从航空母舰上起飞了，舰炮也连续炮击。登陆的美军兵分三路，中路切断了日本南北阵地的通路，左路攻打摺钵山，右路进攻东北高地。藏在地下工事中的日军血战到底，美军的进展迟缓。

2月23日清晨，中路美军向2号机场发动了进攻。日军在机场前900米宽的地带修筑了数百个火力点、岩洞和暗堡。美军在2号机场严重受挫。

与此同时，在岛西南端的火山锥地段，左路美军遭到日军180个暗堡的偷袭。美军拿混凝土堵住暗堡，用推土机推土，把射击口挡住。

10时20分，40名美军爬上摺钵山，插上美国国旗。2月24日，2号机场的战斗仍在进行中。美海军陆战队3师也登陆了。美军用重迫击炮轰炸，用大量的汽油灌注然后烧死躲在暗堡里的日军，费尽心思，摧毁了日军的整个防御体系，将日军分割包围。美军逐一扫荡躲在地下工事里的日军。

扫清最后的障碍

美军占领了硫磺岛，为美军战略轰炸日本本土提供了空军基地和机场。

2月25日，美军慢慢地推进，把日本主力赶到北部。

3月1日，美军攻下了2号机场和元山地区。

3月21日，美军围攻栗林忠道中将的司令部。同一天，东京发来电报，栗林晋升为大将。

24日，美军用重迫击炮炸开了栗林司令部所在地的地堡，灌注了大量的汽油，焚烧地堡。栗林入地无门，逃生无望，在绝望中向东京发出效忠电报，剖腹自杀。

3月26日黎明，约有350人的日军爬出地下工事，扛着迫击炮、步枪和手榴弹，偷袭美军的阵地。战斗3个小时，日军被歼灭。硫磺岛战役结束了。

此后，扫荡地下深处日军的战斗又打了2个多月，硫磺岛上的美军才真正安宁。

尼米兹计划5天占领硫磺岛，却激战了36天。日军被打死或堵死在岩洞中近2万多人。美军死亡6800多人，2.5万人受伤。这是海军陆战队有史以来进行的最艰苦的战役。

日军以尽忠的决心，凭借密密麻麻的地下工事，在硫磺岛战役中，使美军付出了高昂的代价。美军占领了硫磺岛，为美军战略轰炸日本本土提供了空军基地和机场。

从此，日本就经常处于美机的轰炸之下。可见，盟军反攻的锋芒已经达到日本本土。最关键的是，占领了硫磺岛，就等于砸开了日本本土“内防御圈”南部的关键部位，为向日本发动进攻打开了通道，为下一步进攻冲绳岛做好了准备。

第十三章

冲绳岛之战

兵抵日本“国门”

岛上密布森林，地形复杂，密布石灰岩洞，便于固守。

美国的决策者们加紧了对日本本土进攻的准备。但在由谁来指挥的问题上，他们又遇上了那个令人头疼的老问题：是建立统一指挥还是维持现状？维持现状显然不可取，因为作战目标只有一个。但若建立统一指挥，这个指挥者是麦克阿瑟还是尼米兹？由于陆军和海军都不愿意充当配角，最后，罗斯福总统做了折中安排：在进攻日本的作战中，麦克阿瑟指挥太平洋战区的所有地面部队和战术航空兵部队，尼米兹将指挥太平洋战区内的所有海军部队。参谋长联席会议拥有总指挥权。

根据美参谋长联席会议在1944年10月13日的决定，硫磺岛之战结束后，应该立即进行攻下硫球群岛的战役，冲绳岛是其中最大的岛。

1945年3月，美军攻下硫磺岛，美军在太平洋的大反攻进入尾声。

冲绳岛成了美军的下一个进攻目标，攻下冲绳岛可以切断日本与台湾及其以南地区的海上联系，从海上封锁日本。美国参谋长联席会议确定：攻下冲绳岛，以掌握日本本土以南、硫球群岛和台湾海域的制空、制海权，为向日本发动最后的战略轰炸创造更有利的条件。

冲绳岛位于日本九州至中国台湾之间岛屿链的中点，距两地均为700公里。冲绳岛长为108公里，最宽处30公里，最窄处约4公里，总面积约1256平方公里。冲绳岛的形状像一条背部拱起的卧蚕，尾朝日本九州，头朝中国台湾。岛上密布森林，地形复杂，密布石灰岩洞，便于固守。

冲绳岛是琉球群岛最大的岛屿，人口46万人。冲绳岛距离日本九州350海里，是日本本土的南部屏障，又称“国门”。

在冲绳岛东北方向，九州岛有 55 个机场；在西南方向，台湾有 65 个机场；包括冲绳岛在内的琉球群岛有很多飞机跑道。日军将用以千架飞机发动致命的“神风”式自杀的战术对付美军。

“冰山”计划

部队的输送问题使艰难的运输工作更加紧张。

1944 年 10 月 25 日，美军开始制定夺取冲绳岛的“冰山”计划，那是美军的两栖部队还没有承担过的最复杂的计划。美军把登陆的部队分成南部和北部，把进攻时间定于 1945 年 1 月 3 日，美军参谋长联席会议批准了第 5 舰队司令斯普鲁恩斯海军上将制定的作战计划。2 月 9 日，美军参谋长联席会议又下达了特纳海军中将的作战计划。

因为菲律宾群岛战役仍在进行，冲绳岛战役的发起日期只好推迟 1 个月，定于 4 月 1 日发起战役。为了在发起“冰山”战役前拥有制空权和制海权，美军计划在登陆冲绳岛之前重击日本的空军，因为日本将采取自杀性报复行为。

日本海军遭到的打击太多了，变得不堪一击，估计到时候不会构成威胁。日军在冲绳岛和附近岛屿上有几个机场，在 150 海里远的奄美群岛和 230 海里远的先岛群岛都有机场。

日军除了在菲律宾群岛南部作战外，在其他地方没有进行大的战役。到时候，日军一定会集中空军来抵抗盟军的登陆冲绳岛。

由特纳率领的登陆部队，将由美国本土、瓦胡岛、新喀里多尼亚群岛、圣埃斯皮里士群岛、所罗门群岛、菲律宾群岛和马里亚纳群岛抽调的兵力构成，向乌利西、来特岛和塞班岛等地区靠拢。登陆部队将于 4 月 1

日抵达冲绳岛附近海域。担任冲绳岛登陆突击的部队是第3两栖军（3个陆战师）和第24军的4个步兵师。另外，远在新喀里多尼亚群岛的第5师是登陆部队的预备队。以上登陆部队编为美军第10集团军，由巴克纳陆军中将率领。

在“冰山”计划中，美军将出动17.2万人的登陆部队和11.5万人的后勤部队。当时，欧洲战争越来越激烈。这么多人的输送问题使艰难的运输工作更加紧张。为了运送军队，需要8个运输舰大队。

计划登陆后，海军陆战队向冲绳岛的东部和北部推进，陆军向东部和南部推进，在3天内攻占两个飞机场，在15天之内占领冲绳岛的蜂腰地

美军两栖陆战队在冲绳岛登陆

区，在30至60天的时间内攻下南半部。

由米切尔的第58特混舰队负责，向东京、硫球群岛、中国台湾和日本本土的机场进行攻击，再轰炸冲绳岛上的日军。驻守在马里亚纳群岛的几百架重型轰炸机，将在整个冲绳岛战役期间对日本进行战略轰炸。

日军的防御计划

牛岛满命令所属部队不要在滩头阻击美军登陆，避免无谓的牺牲。

为了减少美军的伤亡，尼米兹下令向九州各机场发动大规模的空袭。美舰队于3月18日和19日，对九州地区的机场、日本南部地区和濑户内海的日本舰队的残部，多次发动大规模的攻击。

对此，日军飞机发动了反攻，使“企业”号、“约克城”号等航空母舰受伤，“富兰克林”号航空母舰受到重创。

尼米兹下令在下关海峡一带布雷，并派舰队摧毁了九州地区日军的许多设施及交通枢纽。

美军计划1945年4月1日攻打冲绳，登陆地点位于冲绳南部西海岸的白沙海滩。登陆部队总兵力为18.3万人，出动34艘航空母舰、22艘战列舰和其他舰只，参战舰船共1457艘。

日本军部根据当时的战局，于1945年1月20日下达了“陆海军作战大纲”，指出冲绳岛是必须加强的几个关键性的要塞之一。如果冲绳岛失守，美军就会掌握朝鲜和中国沿海一带海域的制空、制海权，日本本土将暴露在美军的海空势力范围内。

冲绳岛成了日军必须坚守的要塞。日本军部对冲绳岛的防御战十分重视，指出必须采取迟滞性的防御行动，争取变成消耗性的战役。

早在 1944 年秋，牛岛满中将就按照日本军部的指示，制定了保卫冲绳岛中部和南部，在海岸一带与美军展开决战，把美军歼灭在海岸上。

牛岛满中将的第 32 军负责守卫冲绳岛，约 8 万人。日军还征召了壮丁约 2.5 万人。牛岛满主要在冲绳南部陡峭的山岗和狭谷部署了重兵。日军修筑了许多炮位、地堡、洞穴和秘密火力点，准备死守冲绳。冲绳之战被日军称为天号作战，决定日本的生死存亡。

牛岛满决定，冲绳岛居民必须搬到日本本土去，或者搬到冲绳岛北部地区。主要抗登陆部队分布在冲绳岛南部，就是那霸东北的丘陵地区，那里到处都是悬崖峭壁，深沟和狭谷很多，地势险要。

牛岛满配置了互相支援的火炮用来封锁美军的所有通路，还以堑壕和坑道把许多火力发射点、岩洞、碉堡和其他支撑点连在一起，建成一个坚固的防御阵地。另外，在主要防御阵地附近的同心圆上，还修筑了外围工事，以减缓美军的推进速度。

牛岛满下令，在美军进行火力准备时，日军的火炮不准发炮，避免由于暴露炮位而被美军摧毁。牛岛满认为美军一定会在那霸以北的西海岸登陆，结果证明他的判断十分正确。

牛岛满命令所属部队不要在滩头阻击美军登陆，避免无谓的牺牲。牛岛满下令，把一个团部署在能够监视海滩的高地上，等美军登陆后立即退回阵地，与其他防御部队共同打击美军。

为了对付美军在冲绳岛的登陆战，日军抓紧对空军的训练，重点训练自杀战术，以对付在冲绳岛登陆的美军。

3 月 20 日，日本军部制定“天”号作战计划，即出动“神风”特攻机和轰炸机向美军两栖兵力发动大规模的空中打击。为了执行“天”号作战计划，日军将 2990 架飞机，分别在中国台湾、硫球群岛和本土的九州等地集结。

日军空军的意图是：出动一切可能的空中力量，攻击集中在冲绳岛附近海域的美太平洋舰队主力，以孤立美军的登陆部队，断其增援，再用日本陆军将美军歼灭，这样，冲绳岛抗登陆战就会取得胜利。

地毯式轰炸

在10公里的登陆正面上，平均每公里正面落弹1万多发。

1945年3月以后，美军为攻打冲绳进行火力准备。从硫磺岛、塞班岛、关岛和中国东部各机场起飞的美军轰炸机群，轮番飞抵冲绳岛上空，对冲绳岛发动地毯式轰炸。

美军航空母舰部队，每天出动几千架次的舰载机，轰炸驻中国台湾和九州的日本空军基地和机场。从3月25日起，美军庞大的舰队向冲绳岛进行登陆前的猛烈轰炸。几天内，4万多发炮弹落到冲绳岛。与此同时，航空母舰上的舰载机出动了3000多架次。

整整轰炸了一个月，冲绳岛被浓烟和烈火掩盖。岛上的森林变成了灰烬，许多山峰被炸平。美丽的冲绳岛变成了一片废墟，面目全非。

与此同时，美军在冲绳南端的庆良列岛登陆，岛上几百名日军逃到山里，直到“二战”结束。美军俘获250多艘自杀摩托艇和100多条遥控鱼雷。美军立即建立修理舰艇的基地，在庆良列岛上架设大炮，直接轰炸冲绳岛。

美军蛙人队戴着护目镜，拖着炸药包，潜入登陆场岸边，进行水下爆破，破坏日军的水雷场和水下障碍物。

1945年4月1日6时20分，美舰舰炮的巨大轰击声，惊醒了沉睡的冲绳岛。在10公里的登陆正面上，平均每公里正面落弹1万多发，是太平洋地区登陆战中舰炮火力最猛的一次。

7 时 35 分，舰炮停止射止。密密麻麻的美机对日军阵地进行扫射和轰炸，不断发射火箭弹。

这时，日军早已从海岸线撤走。美军的侦察军官和美机驾驶员，还以为登陆将遭到抵抗。因为在登陆处，两岸有峭壁悬崖，上边像蜂窝一样挖了洞穴和坑道，机枪从那里能够向登陆的美军进行扫射。不管是舰炮还是飞机轰炸都无法击毁这些工事。

在每一个海滩的后边，用混凝土构成了高约 5 至 9 米的海堤。美军舰炮不断地轰击海堤，但海堤却只有轻微的损伤。

牛岛满未经过抵抗就撤出了读谷机场和嘉手纳机场，这是难以理解的。但从美国展开的压倒优势的兵力来看，这是给予美军最大伤亡的好办法。牛岛满的做法和硫磺岛上栗林的做法差不多。

美军抢滩登陆

美军在舰炮和飞机支援下，轮番向日军阵地发起冲锋。

1945 年 4 月 1 日 5 时 30 分，美军 10 艘战列舰、9 艘巡洋舰，共 630 多门大口径舰炮，再加上 177 艘炮艇，美舰队发射了各种炮弹 10 万多发，这是美军在太平洋战区登陆作战以来火力密度最大的一次。

6 时 29 分，大型船坞舰、中型登陆舰和坦克登陆船等纷纷吊下水陆登陆车、水陆坦克和登陆艇。以水陆坦克为先锋，登陆艇、水陆登陆车纷纷向滩头驶去。

8 时 30 分，美军在冲绳岛西海岸登陆成功，竟没有遇到抵抗。

4 月 1 日正好是愚人节，美军官兵不知道日军藏在什么地方。日军称

大批美军登陆艇抵达滩头

美军的这一攻势为愚人节攻势，美军则称之为“冰山”计划。

下午，各部队继续登陆，向内陆快速推进。日军稍一抵抗便撤退。傍晚前，已有5万名美军上岸了。登陆太顺利了，美军官兵反而感到紧张不安。

牛岛满中将知道日军的力量太弱，硬拼肯定吃亏，放弃“歼敌于海岸”的方针，采取“诱敌深入”的战术，引诱美军到南部山区决战。

美军先向东推进到东海岸，又向北推进。10天后，美军占领了冲绳岛的北部地区。在南部，美军遭到了日军的顽抗。在南部山区，双方发生了激战。

美军登陆时，牛岛满藏在地下，不理不睬，只派少量日军守在瞭望哨里监视美军。登陆美军向南扑来时，牛岛满派少数兵力在阵地附近活动，诱骗美军进入日军伏击阵地，再用强大的火力歼灭冲进来的美军。牛岛满还趁黑夜组织反攻，使美军伤亡惨重。美军对日军无可奈何，攻势严重受挫。

几天来，美军进攻首里城堡的日军防线，都被猛烈的炮火击退。

4月19日，美军向日军发起进攻，日军躲在地下工事里顽抗到底。激战5天，美军向前推进几米。冲绳战役变成了人员、武器、弹药和补给品的消耗战。

4月24日，美第24军得到步兵第27师的支援，已经突破该岛南部的外围防御地带。美第7师、第27师和第96师终于占领了浦豆山和天之线山，粉碎了首里防线的外围据点。

4月27日，美军攻下了首里的一处重要据点。

5月1日，美军向这个据点增派兵力。步兵第27师接替冲绳北部的海军陆战第6师，两栖作战第3军调到冲绳岛南部担任两翼作战，占领伊江岛的步兵第77师接替步兵第96师。

当美军陆战队1师和6师占领了北部后，赶到南部地区。美军向坚守地下工事的日军发动了强攻。美军在舰炮和飞机支援下，轮番向日军阵地发起冲锋。最后，美军打开了一个缺口，靠近首里城堡的日军主阵地。

“神风”攻击行动

12日，一名日飞行员驾驶“樱花弹”撞沉了一艘美舰。

几周内，1500架“神风”攻击机向美军发动10次集体冲击，美军34

艘战舰被击沉，386 艘美舰受创。

日本最大的战列舰“大和”号启航，朝冲绳美军发起自杀性进攻，准备用巨炮轰炸美国舰队，支援冲绳日军。

美军集中飞机迎战“神风”特攻机，同时集中舰载机击沉了“大和”号战列舰。

自杀性攻击的战术在太平洋战争初期就曾经出现过，例如，偷袭珍珠港的时候，饭田房太郎驾驶受伤的飞机撞击了美机的机库，但山本五十六禁止此类做法。山本的作战命令以“九死一生”为前提，尽量避免经验丰富的飞行员采用自杀性的作战方式。

后来，随着日军在太平洋战场上的节节败退，形势恶化，日本危在旦夕，日本的飞机不仅数量不足，而且已经落后了。日本还缺乏训练有素的飞行员。由于飞行员训练的时间很短，飞行员发生的飞行训练事故一天天地增加，仅海军因训练着舰发生的事故而毙命的飞行员，每天就达四五人。

绝望的情绪在日军蔓延了，与其让飞行员训练而死，还不如与敌舰同归于尽更好。独自一个人带着炸弹发动攻击，能够炸沉一艘敌舰。当时，日军广泛地宣传舍生精神，控制着日本军人的思维方式。

4 月 1 日，美军在冲绳岛登陆。面对美军不断发起的强大攻势，日军于 4 月 5 日下令，发起空中攻势。

第一次攻击代号是“菊水一号”特攻作战，于 4 月 6、7 日两日内进行。

4 月 6 日傍晚，日军派出 699 架飞机，在冲绳岛向美军登陆部队和盟军海上护航舰队及运输船只发动攻击。

为了对付“神风”自杀性的攻击，美军战斗机立即拦截，舰上各种舰炮一同开火，美舰队四周到处都是烟与火。不讲战术的日机在盟军的炮火下纷纷栽入大海，少数穿过火力网的日机向盟军舰船撞去，有些飞机一头栽到盟军在冲绳岛建立的滩头阵地上。

大规模的“集体自杀”行动使盟军防不胜防，令盟军难以招架。在为时两天的“菊水一号”特攻中，日军炸沉美军的坦克登陆舰 1 艘、驱逐舰 3 艘、军火运输船 2 艘，美军 10 多艘舰船被击伤。日军损失 355 架“神风”机。

4 月 11 日、12 日，日军发动“菊水二号”特攻作战。12 日，一名日飞行员驾驶“樱花弹”撞沉了一艘美舰。下午 2 时 45 分，一架“神风”自杀机撞击美舰“埃伯尔”号，舰上燃起大火。

美军终于扑灭了大火，突然，一枚“樱花弹”冲了过来，击中美舰右舷，驱逐舰几分钟后消失了。当天有 10 多艘美军舰船受到损伤。日军损失了 298 架飞机。

5 月 27 日，尼米兹更换了指挥官。让哈尔西替代斯普鲁恩斯，麦凯恩替代米切尔，希尔接替特纳，第 5 舰队改称第 3 舰队。哈尔西上任以后，为了减轻特混编队的压力，在冲绳岛修建了陆基航空基地，用陆基航空兵逐渐代替航母编队。

哈尔西采用了一系列对付“神风”的办法。在预警方面，美军用雷达警戒飞机弥补雷达警戒舰只的缺乏，出动驱逐舰和两栖作战舰艇负责警戒，在最有可能出现“神风”机的方向出动战斗机进行空中警戒。

美军在冲绳岛北部地区设立很多雷达监视哨，占领了附近的小岛，在上边建立雷达站。利用快速的小艇充分发挥火力优势对付“神风”特攻机。美海军对付“神风”机的经验越来越丰富。

但日海军的“神风”特攻机却无法改变战术，因为没有一个飞行员回来报告撞击敌舰的经验。

参加“菊水”作战的飞行员多是被迫的，他们认为自己所作的牺牲是毫无意义的。为此，有些飞行员自称没有找到任何舰艇而飞回了航空基地。有一个飞行员先用机枪报复日军的指挥官后，再去攻击美军舰。

6 月 10 日，第 38 特混舰队离开冲绳海域。美军陆基飞机取得了冲绳

日军的“樱花弹”

岛的制空权。

从4月16日到5月28日，日军发动了6次特攻作战，出动的飞机越来越少，损失很大而取得的战果越来越小。

6月3日至22日，日军发动第9、第10号“菊水”特攻战，参战自杀机只有95架。从4月6日至6月22日，在10次自杀攻击中，日军共损失900多架飞机和“樱花弹”，炸沉美驱逐舰以下舰船20多艘，伤近200艘。

由于日军飞行员消耗速度远远超过了培训速度，使飞行员补充成为难题，执行任务的特攻队员，多数是士兵、普通市民、甚至是航空学校里的中小学生。

每次发动的都是自杀性行动，飞行训练已经简化到最低的程度，内容为“起飞、对准目标、向下撞”，训练的时间大大缩短。这种本来是想提高突击效益的战术，实际效率很低。

面对美军日益强大的攻势，日本军部找不到什么好办法。冲绳沦陷后，日本军部筹划“本土决战”，制定了庞大的自杀攻击战略，企图用铺天盖地的“神风”机把美国太平洋舰队歼灭一半。根据这一战略，不论是作战飞机，还是教练机，任何可用的机种，全都改装成特攻机，准备了1万多架。并且在“樱花弹”的基础上，研制出“桔花弹”、“藤花弹”和“超大型弹”。“桔花弹”装有两台喷气推进器，海平面最大时速为660公里，在6000米高空续航距离为555公里，搭载800公斤的炸弹。“藤花弹”是一种简易飞机，速度高达每小时520公里，续航距离为1,100公里，搭载500公斤炸弹。

“超大型弹”由重型轰炸机改装而成，载弹3吨，威力可观。日军大批培养“神风”机驾驶员，这种教育比冲绳战役前时更加简单，训练时间不超过30小时。

至7月，日海军已经把3500架特攻机部署于九州岛，陆军的1300多架特攻机也归海军使用。

负隅顽抗的日军

美军在冲绳战役中伤亡惨重，但占领了冲绳岛，这等于把日本的咽喉卡住了。

躲在冲绳岛南部一隅的牛岛满，对战胜美军不抱任何幻想。

1945年5月8日，德国宣布无条件投降。这一消息对驻守的日军来说，是一条软化其抵抗意志的催化剂，再加上外围的美军的各种打击手段的综合应用，使得牛岛满的部队接近崩溃的边缘。

5月10日，美第7师恢复了对日军的攻势。经过10多天的苦战，打

美国人升起国旗，标志着冲绳战役以美军胜利告终

退了日军的攻势。美军士气大振，进攻首里城堡。5 月 27 日，美军占领冲绳首府那坝。

5 月 30 日，牛岛满率日军退守最南端，美军趁机占领首里城堡。

日军退到最南端的山崖和山洞后，美军稳扎稳打，开始了大扫荡。6 月 10 日，在舰炮和飞机的支援下，美军发动了更大规模的扫荡。

6 月 17 日，牛岛满的残余部队龟缩到摩文仁一带。牛岛满正在策划最后一战时，巴克纳中将向牛岛满喊话，多次劝降，牛岛满都拒不投降。劝降无疑是对牛弹琴。

6月18日，巴克纳将军在视察时，被日军击中阵亡。

与此同时，美军不停地向冲绳岛增派部队、物资和各种兵器，用重炮、坦克轰开日军固守的堡垒和洞穴，稳扎稳打。特别是美军喷火坦克立下了赫赫战功，顶着日军的强大火力，在山间往返，把凝固汽油弹射向日军堡垒和洞穴深处。

美军用喷火坦克把成群的日军烧死在堡垒和洞空中。在进攻最后一块阵地时，许多日本妇女也以各种各样的形式抗击美军。很多日军把手榴弹捆在腹部，钻入美军的坦克底下。

6月19日，牛岛满向日本军部发去告别电文，并发誓“决战到底”。

6月21日，美军占领冲绳岛最南端的荒崎。23日，牛岛满请人给自己理完发，喝干最后一杯威士忌，坐在距离美军阵地不足50英尺的洞口，用匕首切腹自杀。日军根据他的遗令，用刀取走他的头颅。

7月2日，冲绳战役结束了。日军死亡10.5万人，平民死亡10万人。这次战役，美军先后投入的总兵力达到54.8万人，死亡1.3万人。美军受伤的舰艇达到200多艘。

美军在冲绳战役中伤亡惨重，但占领了冲绳岛，这等于把日本的咽喉卡住了。冲绳战役使日本南部的门户大开，日本本土完全暴露在盟军的攻势面前。占领了冲绳，美军就赢得了一个可以用来突击日本工业中心地带的航空前进基地，从冲绳可以随心所欲地封锁日本和支援对其本土的最后登陆决战，还切断了日本与中国台湾及其以南日占区的联系，从海上封死了日本。